누가 아이들의 미래를 만드는가?

인성을 가르치는 학교

인성을 가르치는 학교

펴 낸 날   2015년 12월 15일 1판 1쇄

지 은 이   안양옥
펴 낸 이   안철환
펴 낸 곳   ㈜비파
등록번호   제12-015호
주   소   서울시 송파구 방이동 65-1, 진넥스빌딩 5층
전   화   02-762-6721
팩   스   02-762-3014
홈페이지   www.bpa.co.kr

주문 전화   02-330-5262
주문 팩스   02-3141-4488

ⓒ 안양옥
ISBN 979-11-956893-0-9 (03370)

누가 아이들의 미래를 만드는가?

인성을 가르치는 학교

안양옥 지음

인성을 가르치는 학교

이제 학교도 인생을 가르치자

인성교육, 국민 정신운동으로 발전시키길

2015년은 대한민국 교육계 뿐만 아니라 우리 사회 전반에 굉장히 중요한 한 해로 기억될 것입니다. 지난 7월21일 대한민국 국회의원 199명이 만장일치로 '인성교육진흥법'을 통과시켰기 때문입니다.

"올바른 인성을 갖춘 시민을 육성해 사회 발전에 이바지한다."

인성교육진흥법의 제1조(목적)에 명시된 것처럼 21세기 대한민국의 목표는 물질적 성장에 걸맞은 정신과 가치의 성숙을 이뤄내야 합니다. 바른 인성을 갖춘 시민들을 키우는 것이야말로 선진 국가의 지름길이기 때문입니다.

지난 한해 우리는 예기치 못한 세월호 참사로 기본적인 윤리와 도덕이 붕괴된 현실을 뼈저리게 느꼈습니다. 우리는 법 제정을 통해 책임 있는 주인의식과 타인을 존중하고 배려하며 더불어 사는 공동체의 가치가 확산되도록 노력해야 합니다.

70년 전 독일 국민들은 '나치'에 의해 전체주의화되어 수많은 유태인들에게 씻을 수 없는 큰 아픔을 주었지만, 2차 세계대전 이후 독일정부가 제대로 된 '민주시민 교육'에 많은 예산을 투자하여 훌륭한 인성을 갖춘 지금의 국민을 키워냈습니다.

이제 우리도 건강한 사회를 만들기 위해 국민들이 서로 신뢰하고 관료들이 투명하고 청렴하며, 서로 다름을 인정하고 미래를 함께 만들어 가는 그런 사회를 만들어 가야 합니다.

제가 대표 발의하여 '인성교육진흥법'이 시행되고 있지만, 이런 법들도 시민교육을 통한 건강한 사회가 기반이 될 때에 그 효과가 나타날 것입니다.

이제 국회는 법제정에 머물지 않고 인성함양진흥재단을 설립해 체계적인 인성운동과 이에 필요한 재원 조성을 위한 모금 활동이 가능하도록 지원을 아끼지 않을 것입니다.

'인성이 우리의 미래입니다'

'상탁하부정(上濁下不淨)'이란 말처럼 윗물이 맑아야 아랫물이 맑은 것입니다. 저는 인성교육이 중요한 이유를 이렇게 잘 설명해주는 문장은 없다고 생각합니다. 지도층이 바로 서지 않으면 인성교육을 제대로 할 수 없는 이유이기도 합니다. 인성교육을 학생들 뿐만 아니라 대한민국 국민들 모두가 참여하는 정신문화 운동으로 발전시켜 나가야 합니다.

그 중심에 학교와 선생님들이 있습니다. 자라나는 아이들의 올바른 인성을 위해 학교수업은 물론 가정교육에 이르기까지 체계적인 인성교육이 이뤄질 수 있도록 큰 역할을 해주시기 바랍니다. 유아부터 고등학생까지 생애 발달 단계에 따라 갖춰야 할 덕목을 익힐 수 있도록 인성교육과 인문예술·체육교육을 강화하는 것도 중요할 것입니다. 우리 아이들이 타인을 존중할 줄 아는 품성을 기를 수 있도록 우리 모두 힘을 합해 나갔으면 합니다.

이런 중요한 시기에 인성교육을 범국민운동으로 승화시키기 위해 지난 2년 동안 국회와 함께 머리를 맞대고 힘을 모아주신 안양옥 한국교원단체총연합회 회장님의 〈인성을 가르치는 학교〉가 책으로 출간된 것을 진심으로 축하합니다.

이 책이 대한민국 인성교육의 방향을 제시하는 귀중한 나침반이 되어줄 것으로 기대합니다.

감사합니다.

국회의장 정의화

선한 인재를 기르는
첫걸음 '인성교육'

교육은 국력이고 우리의 미래는 교육에 달려있습니다. 그럼에도 우리 교육의 현주소는 그렇게 견고하지 못합니다. 이러한 위기 상황을 극복하기 위해서는 인간의 존엄에 기초하여 공동체적 가치의 핵심인 공동선(共同善)을 사회전체의 기본 가치로 확립해야 합니다.

지금 우리는 앞을 내다보기 어려운 불확실한 미래로 인해 모두가 고민을 하고 있습니다. 우리에게 가장 필요한 것은 물질적 성과지상주의나 현란한 임기응변보다는 순수한 초심과 선의지(善意志, guter Wille) 확립입니다. 그리고 이러한 선의지는 우리 모두의 의지와 실천에서 시작됩니다.

우리는 사회로부터 각별한 기대와 사랑을 받으면 받을수록, 공동체를 위해 한층 더 막중한 책임감과 사명감을 갖는 것을 두려워하지 않는 인재를 길러내야 합니다. 겸손한 자세로 다른 사람을 이해하고 배려하며 포용할 때, 그 사람은 진정한 보배로 거듭 날 것입니다.

우리 아이들이 스스로 미래를 개척하고 찾아 나서게 해야 합니다. 도전을 두려워하지 않고 이겨낼 수 있도록 이끌어야 합니다. 젊은이들의 패기와 열정으로 불확실한 미래에 맞서고 난관을 극복할 수 있도록 용기를 불어넣어야 합니다. 그렇게 하기 위해서는 선한 마음과 따뜻한 마음이 더해져야 합니다.

이러한 노력은 밝은 영혼이 깃든 선(善)한 인재를 길러내는 것으로부터 시작해야 합니다. 선의지가 우리의 의지작용 전체를 관통하고 생활의 근본을 구성하도록 돕는 것은 우리들에게 부여된 도덕적 사명입니다. 학생들은 우리사회와 국가공동체를 지탱해나갈 우리의 희망이자 미래이기 때문입니다.

〈인성을 가르치는 학교〉는 인성교육에 대한 안양옥 회장님의 열정과 철학을 담고 있고, 저 또한 깊은 존경과 감사의 마음과 함께 우리 교육의 미래가 보다 밝아질 수 있다는 희망을 갖게 됩니다. 그렇기에 교육현장에 있는 다수 교육자와 학부모들에게 이 책의 일독을 권하고 싶습니다. 감사합니다.

서울대학교 총장 성낙인

교육의 독립과
교총의 정체성

연세대 명예교수 · 교총 22대 · 23대 회장

이 책의 저자 안양옥 회장은 소용돌이치는 한국정치와 사회의 격랑 속에서 한국교육의 민간수장으로서 용케도 한국교육의 무게 중심을 잡으며 한국교총의 정체성을 지켜왔다.

재임 중 그는 적지 않은 고민과 정치적 유혹 그리고 신변의 위협에 시달리기도 했을 것이다. 그는 이 책의 머리말 프롤로그에서 이렇게 말하고 있다.

"행정 권력과 의회 권력과는 어떤 정치적 관계를 맺어나가야 할 것인지, 시민사회단체와는 어떤 연계전략을 펼쳐나가야 할 것인지, 국민들에게는 어떻게 제대로 된 교육의 비전과 한국교총의 모습을 보여 줄 수 있을지를 고심했다."

참으로 진솔한 고백이다. 마치 25년 전의 내 모습을 보는 것 같아 공감과 동정을 금할 수 없다. 1988년 11월 민주화의 물결과 전교조의 공세 속에서 대한교육연합회 제22대 회장으로 선출된 나도 비슷한 고민과 분노를 체험했기 때문이다.

나는 1990년 11월 정기총회를 기해 42년 역사의 대한교련을 정리하고 새로운 시대정신과 사회적 요구에 맞춰 자아반성과 환골탈태하는 각오로 근본적인 방향전환과 조직개편을 단행하지 않을 수 없었다.

그러니 교총의 초대회장으로서 한국교원단체총연합회(한국교총)로 거듭나는 작업을 주도했던 나로서 오늘의 안양옥 회장을 바라보며 어찌 공감과 동정이 없겠는가.

잠시도 편한 날이 없었을 지난 5년6개월, 한국교총 제34대, 35대 회장으로서 안 회장은 때로는 살얼음 걷듯, 또 때로는 밀림을 헤쳐 나가듯 하면서 오늘의 교총을 이끌어왔다. 그러기에 그는 프롤로그에서 때로는 기쁨에 웃고 때로는 분노와 좌절에 울었다고 했다.

그러나 돌이켜보면 나는 도리어 교총회관이 준공되던 날 또는 교원지위향상을 위한 특별법이 국회를 통과하던 날 기쁨에 울었고, 교총에 대한 전교조의 근거 없는 비난과 분열공작 그리고 회원 빼내기에는 분노가 복받쳐 주먹을 불끈 쥐기도 했다.

한국교육신문 발행부수 7,000부를 갑자기 300,000부로 늘린 것도 그때의 일이었다.

이 책에서 모두 5장에 나누어진 30여편의 글들은 안회장이 보통교육과 고등교육의 교단생활을 두루 거치면서 쌓아올린 교육자로서의 내공과 염원을 교총회장이 되어 한국교육의 바다를 헤쳐 나가면서 숨 가쁘게 뽑어낸 그의 생명이며 삶이다. 이 책을 통해서 그는 한국교육의 내일을 책임질 후대를 위해서 귀중한 유산을 남기고 있다.

한국교육 어디로 갈 것인가. 스승의 길은 어디에 있는가. 한국교총의 미래 100년, 어떻게 그려낼 것인가. 안 회장은 오랜 세월 갈고 닦은 경륜과 경험을 바탕으로 이 책에서 30여편에 걸쳐 뚜렷한 방향과 상세한 방안을 제시하고 있다. 이 책이야말로 가히 한국교육의 나침반이라 할만하다.

근 6년의 세월, 안 회장이 이 땅의 교육에 끼친 허다한 공적 중에서 그 백미를 꼽으라면 나는 단연코 그가 교육의 정치적 독립성을 확보하고 한국교총의 정체성을 확립하는데 크게 기여했다는 점을 꼽겠다.

교육이 정치권력에 예속되어 시녀로 전락하고 교육이 그의 본질에서 이탈한다면 이는 결과적으로 국가에 대한 배신이 될 것이며 교직단체의 어용화를 자초하게 된다. 그러한 정치 예속적인 교육체제 속에서 교육이 국가경쟁력의 밑거름이 되고 인성교육의 꽃을 피우며 국가발전의 원동력이 되기를 희망한다면 그야말로 쓰레기통에서 장미꽃이 피기를 기다리는 것과 다를 바 없다.

그러한 체제 속에서는 교육은 본질을 잃고 교원은 본분을 잃게 될 것이며 교육은 희망을 잃게 되고 국가는 미래를 잃게 된다. 이것이 한국교총이 교육의 정도에서 올바르게 버티고 서야 하는 까닭이다.

이것이 또한 한국 교육의 정치적 독립과 교총의 정체성 확립이 절실하게 요구되는 이유이기도 하다. 내가 1990년 5월 서울 잠실체육관에서 13,000명이 참석한 제1회 전국교원대표자대회를 개최하고 교육의 독립과 교사의 삼불원칙 (①교사는 정치꾼이 아니다. ②교사는 장사꾼이 아니다. ③교사는 막일꾼이 아니다.)을 외친 것도 그 때문이었다.

그로부터 25년이 지난 오늘, 그 방향으로 커다란 진전이 이뤄지고 있을 뿐만 아니라 정치 · 사회적으로도 교육의 존엄과 독립에 대한 국민의 공감이 크게 확산되고 있음을 보면서, 그리고 교총의 정체성이 확립되어가고 있는 모습을 보면서 나는 안양옥 회장의 장기간에 걸친 헌신적인 봉사와 리더십에 감사와 함께 경의를 표하지 않을 수 없다.

앞으로도 교육지킴이가 곧 나라지킴이란 믿음을 갖고 동트는 새벽을 기다리며 어둡고 추운 밤을 견뎌내는 충직한 한국교육 파수꾼의 소임을 다해주기를 부탁드린다.

전 교육부장관 윤형섭

누가 아이들의 미래를 만드는가?

인성이
진정한
실력이다

대한민국의 불확실한 미래를 준비하는

가장 좋은 방법은 무엇일까?

인성교육이 미래를 만들어가는 시대,

인성이 진정한 실력인 시대를 맞아

가정과 학교, 사회에서 준비해야 할 것들을 함께 찾아보자.

인성이
진정한
실력이다

대한민국의 미래는 누가 만드는 것일까?

나는 '선생님'이라고 답하는 데 주저하지 않겠다. 미래학자들의 견해에 따르면, 미래는 어느날 갑자기 찾아오는 것이 아니다. 그것은 젊은이들이 만들어가는 세상이다. 그 젊은이들의 생각을 만들어가는 것이 '교육'이고 그 교육을 책임진 사람들이 '선생님'이기 때문이다.

누가 나에게 대한민국의 과거를 묻는다면 '박물관(Museum)'을 가보라고 할 것이다. 그곳에는 한반도에 뿌리내린 조상들의 땀과 혼이 담긴 수많은 흔적들이 보관되어 있기 때문이다.

마찬가지로 대한민국의 현재를 보고 싶다고 묻는다면 '시장

(Market)'에 가보라고 말하고 싶다. 대한민국은 매우 역동적인 나라이다. 그 역동성을 들여다보고 싶다면 '시장'만한 곳이 없기 때문이다. 해방된지 얼마 되지 않아 동족상잔의 비극을 딛고 세계경제협력개발기구(OECD)의 일원이 된 자랑스러운 역사를 가진 나라는 대한민국밖에 없다. 산업화와 민주화를 동시에 성공시킨 세계 유일의 나라인 것이다.

2015년 국제통화기금(IMF) 세계경제전망 데이터베이스에 따르면, 한국의 1인당 명목 국내총생산(GDP)은 2014년 2만7,970달러에서 2020년 3만6,750달러로 31.4%(8,780달러) 증가할 것으로 예측됐다.

이 같은 놀라운 성장의 배경에는 '수준 높은 인적자원'이 있음을 부인할 수 없다. 오늘날 지식기반 경제에서는 무형의 자산인 '인적자원'의 중요성이 크게 강조되고 있다. 이런 인적자원의 개발과 활용은 지속적인 성장을 원하는 세계 각국의 정책과제로 중요성이 점점 증대되고 있다.

인적자원의 중요성이 나라의 성패를 가른다는 점을 감안할 때 대한민국의 미래는 어디에서 찾아야 할까? 당연한 이야기겠지만 '학교(School)'에 가보면 될 것이다. 교육이 곧 미래이기 때문이다.

대한민국의 지속적인 성공을 바란다면 이제 우리의 미래인 '청소년'들에게 더욱 관심을 가져야 한다. 하지만 청소년들이 불확실한 세상에서 미래를 대비하며 살아가도록 힘을 불어넣기 위해서는 지금까지의 학교 교육만으로는 부족한 것이 사실이다.

　대한민국이 살려면 교육을 살려야 한다. 사회적 약자인 취약계층의 직업교육 훈련을 통해 스스로 살아갈 수 있는 힘을 길러주는 것도 잊지 말아야 한다. 우리 아이들에게 미래를 준비할 핵심 역량을 저마다 기를 수 있도록 도와줘야 하는 것이다. 나는 그 중심에 늘 우리 '선생님'들이 있다고 믿는 사람이다.

　미래학자들은 지금까지 존재하지 않았던 새로운 직업들이 무수히 많이 생겨날 것으로 예상하고 있다. 버스 안내양처럼 불과 20년 전까지만 해도 우리 주변에서 흔히 볼 수 있던 직업들이 이미 역사의 뒷켠으로 사라진 것을 보지 않았는가?

　하지만 전통적인 직업들이 상당수 사라지더라도 끝까지 살아남는 직업군은 있는 법이다. '초등학교 교사'가 바로 그 주인공이다. 놀라운 것은 마지막까지 살아남는 직업군에 초등학교 교사는 포함됐지만 중·고등학교 교사는 없다는 사실이다. 초등교사는 전 교과를 가르치는 교사이지만 중등교사는 국어, 수학, 사회 등 개별 전문 교과를 가르치는 사람으로 분석됐기 때문이다.

　그 배경은 사회가 전문화 시대에서 점차 통합과 통섭의 시대로 흘러가고 있다는 점이다. 통합과 통섭을 가르칠 수 있는 가장 적합한 존재는 바로 초등교사와 유치원 교사들이 가장 적합한 위치에 놓여있다고 나는 믿는다.

　그렇다면 초등학교 교사들이 통합과 통섭을 가르칠 수 있는 핵심에는 무엇이 놓여있는 것일까? 그것은 바로 '인성교육'이다. 인성교육을 하는 초등교사와 유치원 교사는 직업군으로 남아있지만 지식만을 가르치는 교사는 지식의 유통이 누구나 가능하고 그 주기마저 짧아진 정보화 시대에 생존이 툴투명한 것이다.

불확실한 미래를 준비하는 가장 좋은 방법은 이렇게 '인성'을 튼튼히 하는 것이다. '인성'이 사람의 기초이기 때문이다.

산업사회의 학교에서는 선생님들이 학생들에게 이미 알려진 지식을 많이 암기하도록 가르치고 그것을 평가하는 데 주력했다. 대량 생산을 중시하는 사회였기 때문이다. 이 시절 선생님들은 직장생활에 필요한 덕목과 가치를 도덕 시간에 교과서를 놓고 가르치는 형편이었다.

하지만 이제 정보화 시대를 맞아 모든 것이 바뀌었다.

복잡한 현상을 보고 그 원인이 무엇인지 파악하는 능력이 더욱 중요해졌다. 문제를 해결해야 하기 때문이다. 혼자서 풀 수 없는 문제들이 다종다양하게 늘어나면서 협력적인 태도가 중시되고 상대방과 대화하는 능력이 중요해졌다.

삼성전자와 현대기아자동차처럼 글로벌 기업들이 한국의 경제성장을 이끌면서, 세계 시장을 선도할 새로운 제품을 만들고 서비스를 주도할 창의성도 역시 중요해졌다. 그러자면 우리 아이들이 실패를 두려워하지 않고 도전하는 정신을 길러야 한다.

젊은이들의 열정이 바로 '인성'이고, 이런 인성을 길러줄 책무가 선생님들의 어깨 위에 놓인 21세기 학교에서 우리나라의 미래를 찾아야 하는 것이다.

유치원과 초등학교 뿐만 아니라 이제 중·고등학교 선생님들도 아이들에게 '왜(Why)'라고 물어보는 참여형, 창의적 수업전개가 필요한 때가 찾아왔다. 이런 인성교육이 바로 대한민국의 미래를 만들어갈 '미래역량'을 길러주는 교육이라고 말할 수 있다. 인성교육이 대한민국의 미래를 만들어가는 시대가 열린 것이다.

대한민국의 성장을 가로막고 뒤흔드는 도전은 앞으로도 수없이 많이 우리를 찾아올 것이다. 인구감소로 사회의 역동성이 줄어들고 성장의 정체성을 겪는 '인구절벽' 현상이 2018년부터 시작될 것으로 예상되고 있다.

큰 걱정거리가 아닐 수 없다. 기업은 물건을 사줄 소비자가 줄어들어 아우성을 칠 것이고 학교도 학생 수가 크게 줄어들어 운영에 어려움을 겪을 것이다. 학교에도 위기가 찾아오는 것이다. 한 가구당 자녀의 수가 2014년 기준으로 1.12명에 불과한 현실이 그것을 말해준다.

하지만 위기는 기회가 될 수도 있다. 대한민국의 학교에서 이번 기회에 학급당 학생 수를 선진국 수준으로 과감하게 낮출 수 있는 기회가 될 수도 있기 때문이다. 선생님들이 가정과 사회가 책임지지 못하는 '인성교육'을 담당하도록 과감하게 학급당 학생 수를 줄여 교육의 질을 높여야 한다. 교육 분야에서 인성교육의 확대를 위해 양질의 일자리를 늘릴 수 있는 사회적 해법 마련을 서두를 필요가 있는 것이다.

인성교육은 교실에서 교과서를 펼쳐놓고 가르칠 수 있는 것이 아니다. 더구나 학교 시험을 통해 측정할 수 있는 것은 더더욱 아니다.

그런 의미에서 2015년은 대한민국 교육사에 한 획을 그은 해로 기록될 것이다. 지난 몇 년간 한국교원단체총연합회의 호소와 노력이 영향을 미쳐 2014년 말 대한민국 국회에서 여야 국회의원 전원 찬성으로 통과된 '인성교육진흥법'이 2015년 7월21일부터 시행에 들어갔기 때문이다.

이제 대한민국의 초·중·고교 등 모든 교육기관은 물론 지방자치단체와 사회, 기업에 이르기까지 미래세대를 위한 인성교육에 막중한 의무감을 갖고 협력해야 하는 시대가 도래했다.

모처럼 국회의원 전원의 동의를 받아 통과된 인성교육법이 성공적으로 시행되기 위해서는 넘어야 할 산이 많다. 인성교육법안이 인성교육을 직접 강제하는 것이 아니라 결국 사람들이 풀어나가야 할 문제이기 때문이다.

앞으로 인성교육을 제대로 펼쳐나가기 위해서는 범사회적인 협력과 환경의 조성이 매우 중요해졌다. 가장 바람직한 인성교육 방법은 올바른 삶을 바라보면서 느끼고 흉내내며, 반복해서 익히도록 하는 것이 되어야 하기 때문이다. 그러자면 아이들이 닮고 싶어하는 어른들의 삶을 롤모델처럼 보여줄 수 있어야 한다. 인성교육의 중심에 법보다는 교사들 자신의 말과 행동이 더 중요하게 자리잡게 된다는 뜻이다. 아이들은 마치 거울을 보듯이 선생님을 따라 배우며 인성을 익히게 될 것이란 말이다.

하지만 인성교육의 책임을 모두 선생님에게만 전가해서도 안 된다. 부모는 물론 사회 지도층 인사 등 성인들이 모두 아이들에게 원하는 인성을 먼저 실천해 보여야 한다. 그리고 인성 함양 프로그램의 대상도 학생에 국한하기보다는 취학 전 유아와 성인으로까지 확대하고 장소 역시 학교를 넘어 가정과 군대, 사회 전반으로 넓혀야 할 것이다.

그 옛날 정약전이 유배지 흑산도에서 학교를 열어 후학을 기르다가 인근 우이도로 이사하려고 하자, 마을 백성들이 길을 막고 남아 있어 달라고 했다는 유명한 일화를 떠올려 본다. 다산 정약용이 유배지에서 가르쳤던 평민 제자 황상은 정약용이 세상을 떠난 후에도 정약용의 집안과 교류하며 교육으로 맺은 인연을 소중히 이어갔다고 한다.

교육의 연이 가정과 마을로까지 이어지는 이것을 21세기 학교에도 되살려야 한다. 그것이 가정과 학교 사이를 일체로 만드는 '스승의 길'이기 때문이다. 그리고 그것은 교원의 존재 자체가 '인성' 교육의 내용이자 방법일 때 가능하다. 인성이 진정한 실력인 시대가 열렸다.

〈인성을 가르치는 학교〉는 한국교총 회장으로서 사무국 직원들과 매일 아침 회무를 통해 각종 교육현안에 대한 토론을 거듭한 내용들이 밑거름이 되었다. 매일 아침 깊은 생각과 높은 식견을 나눠 준 한국교총 사무국 간부들이 없었다면 이 책은 발간되지 못했을 것이다. 아울러 이 책의 집필을 위해 평생 인성교육 동지의 길을 함께 걷기로 약속한 황석연 미래교육연구소장의 도움도 큰 힘이 되었다.

마지막으로 대한민국 인성교육의 중추를 담당하실 선생님들에게 이 책이 작은 도움이라도 되었으면 하는 바람이다.

Question 1

아이의
인생은
어떻게
결정되는가?

행복한
성장의 비결

Intro

인생을 성공적으로 행복하게 살아가는 사람들은 누구일까?

나는 늘 그것이 궁금했다. 20대 젊은 교사시절 나는 첫 담임의 설레는 마음으로 늘 아이들을 만날 때마다 그것이 궁금했다. 학급에서 조회와 종례를 할 때마다 담임 교사로서 지겨운 훈화를 늘어놓으면서 한 반 가득히 찬 72명의 학생들을 볼 때마다 내가 키워내는 제자들의 미래가 궁금했다.

"공부를 못해도 저 녀석은 잘 살아갈 수 있을까?" 이런 식으로 학생 한명 한명의 이름을 외우고 마음에 담으면서 늘 그것이 궁금했다.

이제 어떤 소리도 귀에 잘 담아 들을 수 있다는 이순(耳順)의 나이를 바라보면서 행복하게 성장한다는 것이 무엇인지 다시 생각해 본다.

성공한 제자들이 찾아와 인사를 할 때마다 '그 시절 녀석들'의 30년 전 얼굴을, 기억을 더듬어 떠올려 본다. 공부를 못해도 늘 항상 웃음을 짓던 녀석, 한 반 72명 가운데 늘 72등을 도맡아 하던 제자 녀석이 보란 듯이 어느 날 대기업의 부장이 되어 찾아왔을 때 나는 인생을 다시 돌아보게 되었다.

얼굴에는 항상 웃음을 짓고, 무슨 말을 해도 긍정적으로 "네, 네" 하던 녀석이었다. 상대방을 칭찬하는 말을 하고, 항상 감사하는 마음으로 살아가는 태도가 그 만큼 중요하다는 것을 30년이 지나서야 노스승은 알게 되었다. 그 녀석은 무슨 말을 들어도 늘 긍정의 언어로 답을 하는 답답할 정도로 착한 녀석이었다.

이렇듯 '긍정적인' 태도는 삶에서 중요한 요소의 하나임이 분명하다. 이것을 생활화하다 보면, 좋은 습관이 되고 이 습관이 한 사람의 운명을 만들어내는 것이다.

그런 의미에서 충청남도 당진중학교 대호지분교장의 '칭찬 교육'은 인성교육의 모범사례라고 할 만하다.

지난 2013년 교육부가 주최하고 인성교육범국민실천연합과 충청남도교육청이 주관한 '인성교육 실천한마당'에서 인성교육의 모범사례로 소개된 이 학교는 그 해 9월부터 11월까지 3개월 동안 양파실험과 충, 효 등의 인성교육을 내실있게 펼쳐 교육계는 물론 지역사회에서 큰 호평을 받았다.

대호지분교장은 '양파실험 적용을 통한 칭찬운동' 운영 결과, 칭찬을 받은 양파가 많이 성장한 비율이 59%, 칭찬과 비난 양쪽이 비슷하게 성장한 비율이 15%, 비난받은 양파가 많이 성장한 비율이 26%로 나타나 칭찬이 양파에게도 실제 효과가 있는 것으로 나타났다고 보고했다.

대호지분교장의 학생들은 이날 소감문 발표를 통해 "바른 언어생활을 해야겠다", "욕이 사람에게 영향을 준다는 사실을 알았다"며 칭찬의 생활화를 다짐했다.

인생에서 정말 중요한 것은 이렇게 올바르고 따뜻한 언어로 상대방을 존중하는 태도에서 시작한다.

행복한 성장을 경험한 사람들은 "나는 소중한 사람이다"라는 생각을 늘 지니며 살아온 사람들이다. 이런 사람들은 자신을 긍정적으로 볼 뿐만 아니라 다른 사람도 나와 같이 존엄한 존재라는 것을 인정하는 사람들이다. 말이 고울 수밖에 없다.

꿈을 가진 사람들은 뭔가 특별하다는 생각이 든다면 먼저 나 자신부터 '특별하게' 대접해야 한다. 스스로를 '별 볼 일 없는 아무나'라고 생각한다면 성공적인 삶을 살기는 더욱 힘들어진다.

공부하려는 동기도 마찬가지다. 한국의 학생들은 공부하는 동기를 좋은 성적을 얻기 위해서나, 경쟁과 만족을 위해서라고 생각하는 경향이 강하다. 하지만 미국의 학생들은 학문의 즐거움과 흥미가 우선이다. 좋은 성적이나 경쟁을 위한 공부는 지속적인 성장을 저해하는 요인이라는 것이 미국의 심리학자와 교육학자들이 내린 결론이다.

좋아하는 것을 찾아 끝까지 도전하고 포기하지 않는 인내심, 실패를 겪어도 쉽게 털고 일어나 다시 좋아하는 것을 향해 달려가는 열정과 회복탄력성이야말로 21세기 학교에서 행복한 성장을 주도해야 할 선생님들이 함께 고민해야 할 인성교육의 본령이라고 나는 생각한다.

행복한 성장은 이렇듯 한 사람의 태도와 목적이 있는 삶에서 비롯되는 것이다.

사자와
얼룩말

대통령들이 좋아하는 텔레비전 프로그램이 따로 있는가 보다. 돌아가신 김대중 대통령께서 즐겨 본 프로그램은 다름 아닌 '동물의 왕국'이다. 그런데 박근혜 대통령께서도 동물들이 나오는 프로그램을 즐겨본다는 이야기를 들었다. 동물들의 살아가는 이야기를 들여다보면 인간세상과 크게 다르지 않아서일 것이다. 문제 상황에 빠진 동물들이 문제를 해결해 나가는 장면을 지켜보면서 현실 정치의 해법을 찾기 위한 아이디어를 자연스럽게 얻을 수도 있기 때문이 아닐까 싶다.

나도 '동물의 왕국'을 가끔 즐겨보는데, 특히 사자와 같은 맹수들이 초식동물을 사냥하는 장면을 보면서 무릎을 탁 칠 때가 한두 번이 아니었다. 사냥을 위해 며칠을 밤낮으로 지켜보며 따라 붙는가 하면, 5~6마리의 암사자가 무리를 지어 함께 사냥하는 것도 인상적이었다.

한 번은 사자가 얼룩말을 잡기 위해 덤벼드는 것을 보았는데, 놀라운 것은 최선을 다하는 사자의 모습도 모습이려니와 살기 위해 도망치는 얼룩말이 참 인상적이었다.

몇 번의 위기를 넘기고 도망친 얼룩말이 위험 상황에서 벗어난 뒤에도 사자 옆에 다가와 얼쩡거리면서 약을 올리는 장면이 이어졌다. 지칠 대로 지친 사자는 먹잇감을 놓친 것으로도 모자라 넋이 나간 듯 망연자실 바라만 볼 뿐이었다.

살아남은 얼룩말이 승자처럼 보였다. 자신감을 갖게 된 얼룩말은 몇 번을 사자 주위를 맴돌다 약올리듯 자리를 떠났다.

나는 그때 사냥에 실패한 사자를 보면서 먹잇감을 쫓으며 행복했던 사자의 얼굴을 다시 떠올려 보았다. 그것이 사자의 '꿈'일 것이다. 처절하게 도망치다 위험한 상황에서 벗어난 얼룩말의 얼굴 표정도 잊을 수 없다. 행복한 표정이었다.

만일 얼룩말이 살겠다는 의지를 포기하고 그만 한자리에 머물렀다면 벌써 사자의 날카로운 이빨에 살가죽이 찢겨나갔을 것이다. '생존'을 위해 열심히 뛰는 모습에서 약자의 모습은 어디론가 사라지고 없었다.

인간 세상도 마찬가지다. 추운 남극 탐험에 나섰다가 위기에 처한 두 탐험가가 맞이한 결과를 들여다 보면 사자와 얼룩말의 경우와 비슷한 느낌을 가질 수 있다.

1916년 8월. 어니스트 섀클턴(Ernest Shackleton, 1874~1922)은 27명의 대원과 함께 남극탐험에 나섰다가 그만 얼음바다에 갇혀 실종되고 만다. 하지만 그들은 절망과의 악수를 거부하고 '꿈'에 손을 뻗었다.

구조선이 내일 도착하는 꿈, 대원 모두가 살 수 있는 꿈, 가족과 난로에 모여 앉아 있는 꿈.

매일매일 문제 상황이 발생했지만 두려움을 이겨내고 하나하나 풀어나가기 시작한다. 물론 협력을 통해서다. 그렇게 매일 해결해 나간 문제들은 차곡차곡 일기장에 글로 써내려 갔다. 결국 조난당한지 1년 7개월 만에 그들은 모두 무사히 귀환했다.

그들의 일기장에는 이런 말이 적혀 있었다. "나와 대원들은 남극 얼음 속에서 2년이나 갇혀 살았지만, 우리는 단 한 번도 꿈을 버린 적이 없었다."

이보다 앞서 남극을 탐험한 로버트 팰컨 스콧(Robert Falcon scott, 1868~1912)은 반대로 비극적인 운명을 맞이했다.

1911년 12월 남극대륙에 도착한 그는 이미 9개월 동안 연락이 두절된 상태였다. 79일간 햇빛을 볼 수 없는 남극의 밤. 영하 40도의 혹한, 식량도 도움도 기대할 수 없는 지옥 같은 나날들이 지속되자 그는 절망에 빠졌다.

1912년 11월. 결국 그는 눈 속에 파묻힌 일기장과 함께 차가운 시신으로 발견됐다. 일기장에는 절망적인 상황이 적혀 있었다.

"우리는 신사처럼 죽을 것이며...(중략)... 안타깝지만 더 이상 쓸 수 없을 것 같다. 모든 꿈이 사라졌다."

스콧과 함께 운명을 같이한 사람 7명이 모두 싸늘한 주검으로 발견됐다.

살고자 하는 '꿈'은 이렇게 기적을 만들기도 하고, 생사의 갈림길에서 서로 다른 운명의 길로 안내하는 등대의 역할을 하기도 한다.

이런 꿈의 안내자, 등대의 역할을 하는 사람이 '교사'이다.

하지만 대한민국이 산업 시대에서 정보화 시대로 옮겨오면서 교사들에 대한 사회의 기대치도 많이 달라졌다. 부모들은 학생들에게 성적 뿐만 아니라 꿈을 살려주고 저마다의 끼를 키워서 모두가 행복한 삶을 살게 해 주었으면 하는 바람을 가지고 있는 것이다. 학교가 인성교육의 도장으로 거듭나야 할 이유다.

산업시대의 학교에서는 사냥에 나선 사자처럼 사냥의 기술을 가르치고 그것을 익히지 못한 학생들은 낙오하는 것이 당연시됐다. 오늘날까지 이어지고 있는 '입시교육'의 병폐가 여기서 비롯된 것이다.

하지만 지금은 상황이 많이 달라졌다. 학생 수가 줄어들고 한명 한명의 학생이 모두 소중한 인적자원으로 여겨지면서 공부를 잘하는 학생은 잘하는 대로 공부를 못하는 학생은 못하는 대로 다양한 방식으로 살아갈 수 있는 생존능력을 기르는 모두가 살아남는 교육을 필요로 하고 있는 것이다.

공부 못하는 얼룩말들이 냉엄한 정글 속에서 살아남기 위해 필사적으로 도망가는 기술을 저마다의 방식으로 익혀나갈 수 있도록 돕자는 것이다.

이때 도망가는 얼룩말이나 쫓는 사자에게 모두 필요한 것이 바로 '꿈'이다. 먹잇감을 정하는 것이나 살기 위해 뛰어야 하는 태도가 모두 사람으로 치면 '인성'에 해당하기 때문이다. 이런 인성교육이 뒷받침되지 않는 지식교육은 생명이 짧을 수밖에 없는 것이다.

꿈을 잃고 방황하는 아이들이 늘어나면 학교폭력이나 가출, 자살과 같은 청소년 문제도 덩달아 늘어날 수밖에 없다. 근본적인 원인은 결국 인성교육의 부재에서 찾을 수 있는 것이다. 인성의 회복을 통해 청소년 문제를 근본적으로 해결할 수 있기 때문에 가정과 학교, 사회가 모두 힘을 합해 인성교육을 범국민 운동으로 발전시켜 나가야 할 이유가 여기에 있는 것이다.

가출이나 학교폭력에 물든 아이들에게 가르쳐야 할 인성교육은 무엇일까?

제갈공명이 유비의 아들 유선을 위해 마지막 전장터에 나가면서 바친 〈후출사표〉의 다음 문장을 살펴보는 것만으로도 해답이 보일 것이다.

"성공과 실패, 이익과 해로움이 어떨지 신은 미리 헤아릴 수 없습니다." (而至如成敗利鈍, 非臣之所能逆料)

그래서일까? 열두 척 전선을 이끌고 죽음의 바다로 나가기 전날 이순신 장군도 선조 임금에게 보내는 장계에서 제갈공명의 〈후출사표〉에 나온 이 구절을 토씨하나 바꾸지 않고 그대로 써서 올렸다.

이처럼 죽음을 두려워하지 않는 '용기'가 방황하는 우리 아이들에게 꼭 필요하다는 것을 부모와 선생님들이 알았으면 한다. 나라와 백성을 위해 좋아하는 일을 한다면 죽음도 두려워하지 않는 마음이 전쟁터에 나가는 장수들에게 유불리를 따지지 않는 용기로 드러난 것처럼 말이다.

청나라를 부국강병의 토대 위에 올려놓은 강희제의 다음과 같은 좌우명도 기억할 만하다.

"몸을 굽혀 모든 힘을 다하여 죽은 후에야 그만 둔다" (鞠躬盡瘁 死而後已)

역설적이게도 강희제의 좌우명도 제갈공명의 〈후출사표〉에 쓴 구절을 토씨 하나 바꾸지 않고 그대로 옮겨적은 것이다. 좋아하는 일을 찾은 사람은 누가 시키거나 말리지 않아도 끝을 볼 때까지 최선을 다한다는 뜻이 담겨있다.

대한민국 교육도 이런 '열정'의 불꽃을 살려야 한다. 대한민국의 아이들을 이렇게 열정이 가득한 아이들로 키워내야 한다. 그래야 우리 사회에 희망이 있다. 이것이 인성교육의 출발점이 되어야 한다.

불가사리의
꿈

　1863년 1월 1일은 미국의 링컨 대통령이 남부동맹 내의 모든 노예들을 영구히 해방시키는 '노예해방선언'을 발표한 날이다. 이 엄청난 업적이 한반도 땅에서도 일찍이 일어난 적이 있다.

　혁명가와 요승이라는 상반된 평가를 받는 신돈이 그 주인공이다. 공민왕의 신임을 얻어 국정을 담당하게 된 신돈은 귀족들에게는 요승이었지만 백성들에게는 문수보살과 같은 존재로 여겨졌다. 민생정치를 펼쳤기 때문이다.

　그는 먼저 '전민변정도감(田民辯正都監)'을 설치해 토지제도와 노비제도를 완전히 혁신했다. 서울은 15일, 지방은 40일의 기한을 주고 그동안 권세가와 호족들이 불법으로 탈취했던 전민(田民)을 원

주인에게 돌려주게 한 것이다.

또한 양민이 되기를 호소하는 천민이나 노예는 모두 그 소원을 들어주어 백성들의 대대적인 환영을 받았다. 권문세도가는 신돈의 처사에 격분했지만, 노비의 신분에서 해방된 사람들은 신돈을 '성인'으로 부르기를 주저하지 않았다.

그의 이런 파격적인 행보는 6년 동안 계속되었지만 권문세족의 반격으로 오래가지 못한 채 무너지고 만다. 하지만 노비를 해방하고 땅을 백성들에게 나눠준 혁명적인 조치들은 역사에 길이 남을 만한 것이었다.

신돈의 이런 혁명의 힘은 어디서 유래한 것일까?

바로 '불가사리'의 꿈이다. 그는 자신의 혁명을 뒷받침하기 위해 요즘으로 치면 유행가요인 '불가사리' 이야기를 만들어 퍼뜨렸다. 쇠붙이를 잡아먹고 성장한 불가사리가 악의 무리를 물리친다는 이야기다. 일종의 혁명가인 셈이다.

이런 신돈의 불가사리 이야기의 배경에는 그의 '어머니'가 있다. 신돈의 어머니는 창녕 화왕산 옥천사의 여종이었다. 아버지 없이 사찰에서 일하는 여종의 자식이었던 탓에 신돈은 어려서부터 자연스레 중이 되었다. 사찰 여종의 아들이라는 신분 때문에 중들 틈에도 끼지 못하고 산방으로 겉도는 어린 시절을 보낸 그는 승려이긴 했지만 늘 외로웠다. 그런 그를 보듬고 키워낸 사람은 여종 신분의 어머니였던 것이다.

신돈은 권력을 잡자마자 그런 어머니를 노비의 신분에서 벗어나게 하는 꿈을 이룬다. 고려말 노비해방이란 파격적인 조치는 신돈을 키워낸 어머니의 한(恨)에서 비롯되었다고 보아도 무방할 것이다.

신돈의 불가사리는 또다른 의미를 내포하고 있기도 하다. 한반도에 등장한 최초의 로봇이자 정의의 화신인 것이다. 내가 신돈과 함께 불가사리 이야기를 들먹이는 것은 대한민국의 미래직업 가운데 가장 유망한 분야의 하나가 '로봇산업'이기 때문이다.

앞으로 대한민국을 먹여 살릴 유망 직종의 하나인 로봇산업에서 가장 유망한 분야는 더 깊이 들어가면 어떤 분야일까? 전문가들은 앞으로 성공 가능한 로봇 분야로 가사와 교육, 오락 서비스 분야의 로봇을 추천하는 데 주저하지 않는다.

이밖에도 노인 연령대가 늘어나면서 실버케어 로봇도 각광받을 것으로 예상된다. 인간과 지능적으로나 정서적으로 상호작용할 수 있는 엔터테인먼트 로봇 분야도 미래가 밝다고 할 수 있다.

실제로 일본의 성공한 재일동포 사업가 손정의 사장이 소프트뱅크를 통해 정성을 들여 개발한 감성을 가진 개인 로봇 '페퍼(pepper)'가 2015년 여름 우리 돈으로 200만원이 조금 안되는 가격(19만8000엔)에 연속 매진 행진을 이어갔는가 하면, 한국에서도 카이스트가 개발한 로봇 '휴보'가 세계대회에서 챔피언에 오르는 등 주가를 한창 올리고 있는 중이다.

페퍼는 고령화 사회로 접어드는 일본에서 애완동물보다 사람처럼 이야기를 자유롭게 주고 받을 수 있다는 점에서 많은 주목을 받고 있다. 자신의 감정을 탑재해 그동안 선보인 산업용 로봇과는 달리 일반인들이 구매해 직접 관리하기 쉬운 최초의 로봇이라는 점에서 로봇사회가 성큼 다가왔다는 평가를 받고 있다. 또 휴보가 하는 일은 가정주부를 대신해 쓰레기를 버려주는 등 인간의 심부름을 대신하는 일을 하게 될 것으로 과학자들은 예상하고 있다.

20~30년 뒤 대한민국의 미래를 책임질 유망한 산업분야인 로봇도 이렇게 '인성'을 바탕으로 한 것일 만큼 그 중요성이 커지고 있는 것이 과학분야의 추세라고 할 수 있다.

이런 서비스 로봇은 단순히 수학과 과학을 잘하는 엔지니어 감각만으로는 개발이 불가능한 것들이다. 사람과 사람 사이에 '관계 맺기'를 좋아하고 다른 사람의 불편을 눈감지 않는 따뜻한 심성을 지닌 과학자가 아니면 개발이 불가능하기 때문이다.

어려서 엄마를 도와 설거지를 하고 할아버지와 할머니의 말동무가 되어주고, 동생들의 공부를 돌봐주는 착한 심성을 가진 학생이 자라나 과학에 흥미를 가진 엔지니어로 성장했을 때 세계적인 성공 사례를 만들어낼 수 있는 분야가 앞으로 세계시장에서 '대박'을 일으킬 로봇산업 분야이기 때문에 하는 말이다.

신돈을 키워낸 옥천사의 여종이나 아이를 키우는 어머니들의 마음이 바로 '불가사리'의 꿈이라고 할 수 있다. 이렇듯 어머니의 존재, 더 나아가 다양한 인간관계의 발전이 그대로 인성교육으로 이어지는 시대에 우리는 살고 있다.

인성교육은 이처럼 과학교육과 결합해 인간을 더 자유롭게 행복하게 살도록 삶을 개선해 나가는 새로운 산업분야의 밑바탕이 되는 소중한 역할을 담당하게 될 것이다.

멘붕스쿨과
빙산의
일각

"이것 봐 진짜 말 안 통한다니까."

"납득이 안 돼요. 납득이~" "아니 아니 그게 아니구요!"

이는 학생들과 교사가 상담을 벌이는 상황을 패러디한 유명 개그 프로그램에서 학생들이 반복하는 대사들이다. 문제 학생과 유학파 학생, 연기 지망생 등이 등장해 이뤄지는 상담은 '교사가 멘탈이 붕괴되는' 결과로 나타난다.

소통과 공감 부재 현상을 풍자와 해학으로 풀어가는 '멘붕스쿨'이 라는 이 코너에서 시청자와 방청객은 연신 폭소를 터뜨린다. 학교 와 교사의 '멘붕' 현상에 공감한다는 얘기다. 교육자의 한 사람으로 서 부끄럽지만, 실제 학교상황은 개그 프로그램 이상일 수도 있다.

수업시간에 떠들어 조용하라고 타이르면 천연덕스럽게 "싫은데요"라고 하거나, 수업 중 잠을 자는 것조차 인권이라고 생각하는 학생들이 점차 늘어가고 있다. 과거에는 야단을 쳐서라도 수업태도와 잘못된 생각을 바꾸려는 교사가 대부분이었지만, 학생인권조례 시행 이후 이나마도 용의치 않은 것이 현실이다.

"개그는 개그일 뿐, 오해하지 말자"라고 하지만 TV속에 나타난 교실풍경을 단지 픽션(fiction)으로 여겨 웃어버리기에는 '멘붕스쿨'이 현실에도 상당히 존재하고 있어 매우 안타깝다.

학교뿐만이 아니다. 우리 사회는 언제부터인가 '떼를 쓰면 통하고, 큰소리를 치는 사람이 왕'이라는 잘못된 가치관이 지배하고 있다. 남의 권익은 안중에도 없고 자기 이익만 추구하면 그만이라는 자기중심적이고 이기적인 잘못된 사고가 만연되어 있다.

지하철에서 '옆 자리를 비워 달라'는 할머니의 요구에 젊은 여성이 반말과 욕설을 하고, 교문 앞에서 버젓이 담배를 꺼내 무는 학생들에게 한 마디라도 하면, 반성은 커녕 "당신이 뭔데?"라는 표정과 욕설이 뒤따르는 현실이 그것이다.

이 모두는 우리가 '진정한 사람 만들기' 교육을 포기한 탓이다. 2012년 교총 등 160여개 시민사회단체가 '인성이 진정한 실력이다'라는 캐치프레이즈를 내걸고 인성교육범국민실천연합을 출범시킨 것도 그런 맥락이다.

그간 우리 교육은 급속한 양적팽창은 이루었지만, 그로 인해 잃은 것도 많았다. 입시위주의 교육으로 지, 덕, 체라는 전통적 교육 가치가 약화되었고, 사교육비와 학교 폭력의 증가 등으로 교육계가 몸살을 앓고 있다. 이제 우리 교육의 패러다임을 인성교육으로 전환해야 한다는 사회적 절박감이 요구되는 이유다.

학교와 가정은 이제 학생과 자녀의 인성교육에 좀 더 관심과 노력을 기울여주길 기대한다. 학교와 교사는 지식전달과 더불어 삶의 지혜와 예의, 배려, 소통 등 교육 본질에 좀 더 충실한 교사 · 학교로 탈바꿈될 수 있도록 조금만 더 노력해야 한다.

학생 생활지도의 어려움, 교실붕괴, 교권추락의 어려움 속에서도 제자사랑의 실천이 이루어질 때 학생과 학부모의 존경과 신뢰가 뒤따를 수 있기 때문이다. 부모의 자녀 교육관 재정립도 반드시 필요하다. 과거와 달리 한 명 또는 두 명의 귀한 자녀들 입장에서 이른바 져주고 키우는 식의 자녀교육은 궁극적으로 자녀에게 결코 유익하지 못할 것이다.

자녀의 눈치를 보는, 자녀가 부모의 상전이 된 왜곡된 '부모와 자녀의 관계'가 아닌, "안되는 것은 분명히 안된다"고 말하고, "자신이 소중한 만큼 다른 사람도 소중하다"는 이타의식을 갖도록 솔선수범하는 부모상이 요구되는 것이다.

"내 아이만 착하면 손해 본다"는 의식이 상존할 때 인성교육 실천 운동의 길은 멀고도 험하게 될 것이다.

대학입시에 인성 항목이 포함된다는 소식에 인성교육 전문 학원이 등장했다는 웃지 못할 현실을 이번에는 그냥 넘겨서는 안 된다. 가정교육 부재로 일어난 문제를 또다시 학원이라는 수단으로 해결하려 한다면, 지금 우리가 가진 문제의 본질을 전혀 해결할 수 없다. 이제 서로를 이해하고 존중하는 바탕 위에 실천으로 인성교육의 뿌리를 우리 사회에 착근시키도록 노력해야 한다.

정직함과 법을 지키고, 인간의 도리를 지키는 사람이 사회적으로 존경받고, 성공하는 건강한 사회의 출발은 입시교육, 경쟁교육이 아닌 바로 인성교육에서부터 시작된다는 사실을 우리 모두 가슴에 새겨야 한다.

이런 호소가 먹혀들려면 교육의 변화와 트렌드를 이해할 필요가 있을 것이다. 새로운 시대의 교육은 새로운 질문과 해답으로부터 출발해야 하는 것이다.

"무엇이 새로운 시대에 걸맞는 교육의 원칙인가?"

세상의 모든 갈등은 대화가 멈추면서 시작한다. 소위 말해 이야기가 통하지 않는 것이다. 이런 소통부재로 생겨나는 사회적 비용은 말할 수 없이 크다고 할 수 있다. 이를 해결하려면 학교도 교육의 원칙을 다시 들여다볼 필요가 있다.

빙산의 일각만 보지 말고 물밑에 가라앉아 있는 80%에 이르는 빙산의 몸체를 들여다보아야 하는 것이다. 결과만 보는 것이 아니라 드러나지 않은 잠재적 역량과 과정을 들여다보아야 한다. 이것이야말로 교육만이 들여다볼 수 있고 개입할 수 있는 영역인 것이다.

이것이 인성교육의 출발점이 되어야 한다. '결과'(果)를 보려면 '원인'(囚)을 보아야 한다는 뜻이다. 이를 위해 교사들은 학생들처럼 문제를 들여다보는 통찰력을 길러야 한다. 문제를 인식하고 그것을 해결하기 위해서 분석하는 능력부터 다져야 하는 것이다. 이런 분석능력을 토대로 상대방의 생각을 정확히 읽어내고 자신의 생각을 표현하는 힘을 발휘해야 하는 것이다.

이런 과정에서 생겨나는 어려움을 반복해서 이겨내려면 다음과 같은 질문을 던질 수 있어야 한다.

"나는 누구이고, 왜 이 일을 해야만 하는가? 그리고 나는 지금 어디로 가고 있는 것일까?"

이런 질문에 답하기 위해서는 어두운 밤하늘에 빛나는 북두칠성처럼 나 자신을 이끌어가는 목표가 있어야 할 것이다.

그런 목표와 방향을 꾸준히 유지한다면 어떤 어려움도 이겨낼 수 있게 되는 것이다. 그러자면 우리는 학교에서 아이들에게 좋아하는 것을 찾아 도전할 수 있도록 끊임없이 질문을 던져야 하고 우리 아이들이 "산다는 것은 매우 흥미롭고 재미있는 것이다"라는 느낌을 가질 수 있도록 교실이 흥미롭고 호기심으로 가득 차야 한다고 생각한다.

이것이 어려움을 즐거움으로 바꿀 수 있는 즐거운 학교의 모습일 것이다. 인성교육은 이런 즐거운 학교라는 토양 위에서 출발해야 한다. 그래야 멘붕스쿨 같은 학교의 모습을 뒤바꿀 수 있다.

세 사람

아이의 인생에서 가장 중요한 순간은 언제일까? 닮고 싶은 사람을 만날 때다. 이런 사람을 만나 생활 속에서 내적 성숙을 이뤄나가는 그 때가 한 사람의 성장에서 가장 중요한 환경이고 시기라고 할수 있다.

미국 하버드대학교 연구팀이 수행한 결과에서 인간의 성장을 규정짓는 가장 중요한 환경은 그 사람이 살아가면서 만나는 '사람'들인 것으로 나타났다. 물론 이때 가장 중요한 영향을 미치는 사람은 '어머니'였다.

소위 성공한 사람들로 불리는 사람들을 분석해보니 10명 가운데 7명이 좋은 '어머니' 밑에서 성장한 것으로 나타났기 때문이다. 물론 이들은 '교양있는 사람'이자 '따뜻한 어머니' 였음은 물론이다.

멀리 가지 않아도 우리나라 5만원권 지폐의 주인공인 '신사임당'이 대표적인 경우이다. 그녀의 품안에서 율곡 이이가 자라났음은 주지의 사실이다.

어머니의 존재감이 한 아이의 인생을 바꿔놓은 사례는 오래된 영화 〈포레스트 검프〉에서도 잘 나타난다. 이 영화에는 아이큐 75의 아주 적당히 모자라는 한 바보가 등장한다. 그는 어릴 때부터 친구들에게 바보라는 손가락질을 받았고, 잘 할 수 있는 일이 달리기여서 항상 열심히 뛰지만 그런 자신을 오히려 멍청하다고 놀리는 사람들 곁에서 자라났다.

또 월남전에 참전해 사선을 넘나드는 전투 속에서도 그는 자신의 처지를 그다지 괴로워하지 않았고, 사랑하는 여인이 자신의 마음을 몰라주고 다른 남자를 만나고 마약에 찌든 폐인 생활을 해도 그는 항상 그녀만을 바라보는 바보같은 사랑을 지속한다.

하지만 그에겐 이 모든 일들을 어머니 말씀처럼 인생이란 커다란 초컬릿 상자 속에 들어있는 모양과 맛이 서로 다른 초컬릿이라고 생각하는 재주가 있었다. 그래서 그는 늘 즐거웠다.

"왜 죽어요? 엄마…"

"그냥 때가 된 거야. 무서워 말거라 아가야. 죽음도 삶의 한 부분일 뿐이란다. 우리 모두가 언젠가는 겪어야 할 일이야. 나도 몰랐었지만 난 네 엄마가 될 운명이었단다. 난 최선을 다했어요. 난 네가 네 운명을 만들어 나가리라 믿는단다. 신께서 네게 주신 걸로 최선을 다해 살거라."

"제 운명이 뭐예요. 엄마…"

"그건 너 스스로 알아내야 하는 것이란다. 인생은 초컬릿 상자와 같은 거란다. 포레스트… 열기 전까지는 뭘 잡을지 알 수 없어."

사람은 누구나 행복하게 살기 위해 이 땅에 태어났다. 항상 행복해야 하지만 문제는 늘 그렇게 행복하지 않다는 사실이다. 돈을 많이 벌어도 그 행복이 오래 가지 않는다. 높은 자리에 올라도 마찬가지다. 사랑을 하면 행복해질 것 같지만 그 사랑도 오래 가는 것이 쉽지 않다.

포레스트는 이런 인생살이에서 평생 엄마의 말을 잘 들었고, 복잡하게 생각하지 않았으며 오로지 평생 한 여자만을 사랑했다.

그는 요즘 사람들처럼 지식이나 돈에 대한 욕심이 많아 그것으로 자신이 우월하다고 착각하지도 않았고, 복잡하게 생각을 꼬아 자기 이익을 위해 남을 속이지도 않았으며 어머니가 돌아가시거나 사랑하는 제니가 자신을 떠났을 때도 어머니가 한 말처럼 오히려 그것을 삶의 한 부분으로 받아들였다. 그래서 그는 바보였지만 자신에게만은 인생이 초컬릿 상자와 같았던 것이다.

기쁜 일이나 슬픈 일, 힘들거나 괴로운 일도 다 자신의 삶의 일부분이었기 때문에 그 어떤 것이 손에 잡혀도 항상 초컬릿처럼 달콤하게 생각한 사람. 포레스트에게 이런 지혜를 가르쳐준 사람이 바로 '어머니'였던 것이다.

그런 어머니 곁에서 성장을 하던 아이가 '어머니'의 품을 떠나 자기 길을 걷기 시작하는 때는 언제일까? 대략 10세 전후라는 것이 전문가들의 견해이다. 그래서 아프리카 스와힐리어에서는 막 태어난 아이를 'kitu'라고 부른다. 재미있는 것은 'kitu'라는 단어가 아이에게만 사용되지 않는다는 것이다. 책상이나 돌, 흙과 같이 생명이 없는 사물을 지칭할 때도 'kitu'라는 단어를 쓰는 것이다.

이런 'kitu'상태의 아이를 돌보는 사람이 바로 '어머니'이다. 어머니는 갓 태어난 아이가 사람구실을 하도록 인성을 만들어가는 존재인 것이다. 그런 아이가 사람구실을 할 때쯤 되면 'mtu'라고 부르기 시작하는 데 우리 나이로 9~10살 전후의 시기가 바로 이때이다.

이런 스와힐리어의 영향을 받아서인지 영어에서도 어린 아이들을 지칭할 때 'it'라고 지칭을 하다가 스스로 활동할 무렵인 취학 전후의 나이에 이르러서야 'he, she'라는 호칭을 쓰기 시작한다.

그럼 한 아이를 'he, she'라고 불러주는 것은 과연 누구일까?

바로 선생님이다. 1936년 베를린 올림픽 마라톤 우승으로 한국인의 기상을 전 세계에 알린 손기정 선생님을 길러낸 것은 양정고 보의 박물학 선생님 '김교신'이었다. 그는 수업시간을 마치기 전 20분 동안 교과서에는 나오지 않는 내용을 가르쳤다고 한다.

지역의 특산물은 금이나 소금 같은 광물이 아니라 이순신과 정도전 같은 사람이라고 가르친 것이다. 일제시대를 살다간 우리나라의 위대한 인물들이 그렇게 김교신의 가슴에 안겨서 컸다.

피겨 여왕 김연아의 성장 스토리를 이끌어 준 배경에도 중요한 사람이 있다.

생상스의 '죽음의 무도'가 시작되자 경기장은 조용해졌다. 해일이 다가오기 전 콘크리트처럼 굳은 바다같이 말이다. 이윽고 날카로운 현악기의 울음이 시작되고 죽음의 신들은 무도의 향연을 펼치기 시작했다. 그 무거운 선율 속에서 김연아는 발레리나의 경쾌하고 섬세한 발끝처럼 피겨 스케이트를 재촉하면서 찬란한 빛의 축제를 시작했다. 그것은 김연아가 몸으로 표현한 춤과 시, 그리고 한 폭의 아름다운 풍경화였다.

김연아의 2010년 캐나다 밴쿠버 올림픽 피겨종목 우승은 개인의 영광에만 그친 것이 아니다. 그것은 국민의 화합과 자긍심 고양이라는 새로운 시너지 효과를 가져왔으며 한국 스포츠의 위상을 한층 더 높이는 계기가 됐다. '피겨 스케이트'라는 우리에게 다소 낯선 스포츠 종목까지도 최고의 반열에 오를 수 있다는 국민적 자긍심을 심어준 것이다.

김연아가 준 선물은 이것뿐만이 아니다. 10여년 전 외환위기에 맞먹는 경기침체로 연일 가중되는 국민적 절망감을 극복할 수 있는 용기까지 준 것이다.

우리 사회가 현실의 중압감을 극복하기 어려운 것은 바로 '두려움' 때문이다. 그러나 '두려움'은 우리의 외부가 아닌 내부에 존재한다. 두려움을 이겨내는 것도 '우리'이며 두려움에 굴복하는 것도 역시 '우리'다.

김연아가 자신의 실수를 극복하고 최고의 연기를 펼칠 수 있었던 것은 바로 그녀의 내부에 존재하는 '두려움'을 이겨냈기 때문이다.

'죽음의 무도'에서 희망의 꽃을 피운 김연아, 우리에게 '할 수 있다'는 꿈을 다시금 꿀 수 있게 만든 힘의 바탕에는 누가 있었을까?

그녀는 이제 어린 시절 자신의 우상이었던 피겨 스타 '미셸 콴'과 함께 꿈에 그리던 자선공연을 이어가고 있다. 미셸 콴은 그녀의 두려움을 이겨내게 해 준 롤모델이자 선생님이었던 것이다.

한 사람의 성장에 영향을 미치는 소중한 사람은 또 있다. 바로 '친구'다.

위기에 처한 고구려를 구하기 위해 전장터에 나가 장렬하게 전사한 온달 장군의 부인은 잘 알려진 대로 '평강공주'이다. 무엇이 이렇게 큰 신분의 격차를 이겨내고 위대한 장군으로 성장할 수 있는 길을 터 준 것일까?

바보 온달에게 시집올 때 평강공주의 나이는 15살이었다. 부인이라고 부르기보다는 친구와 같은 나이였던 것이다. 똑똑한 평강 공주를 부인이자 친구로 맞이한 바보 온달은 하루가 다르게 성장해 대장군의 위치까지 올라갔던 것이다.

어려서 유복자로 태어난 미국의 빌 클린턴 대통령도 성장사에 그늘이 많은 사람이었다. 가난한 살림을 이어가기 위해 어머니는 인근 도시로 간호사 일을 배우러 떠났고 그 빈자리를 채워준 사람은 어머니가 아니라 외할아버지였다.

그는 가난한 환경 속에서도 미국 청소년들의 자랑인 '로즈 장학금'을 받으면서 성장했다. 미국의 위대한 기업인과 정치가를 많이 배출한 '로즈 장학금'은 로즈가든 파티에 장학금을 신청한 학생들을 초대해 면접을 통해 대상자를 선정하는 것으로도 유명하다.

로즈 장학금의 선정 기준은 다음과 같은 8가지로 알려져 있다.

T.I.P

1. 우수한 학업 성적
2. 인격과 봉사활동
3. 특정 주제에 대한 열정
4. 리더십
5. 스포츠와 육체적 활력
6. 성실성과 진지함
7. 이타적 자세
8. 타인과 세상에 대한 진지한 관심

이런 인성을 갖춘 실력있는 인재로 자라난 빌 클린턴의 인생을 마지막으로 바꿔놓은 사람은 다름 아니라 그의 여자 친구 '힐러리 클린턴'이었다.

'친구 따라 강남 간다'는 말처럼 성장기의 아이들에게 가장 중요한 환경 가운데 하나가 생각과 습관이 같은, 나를 이해해 주는 '친구'인 것이다.

인생에서 성공하는 사람이 되고 싶다면 우리는 마찬가지로 아이들에게도 성공적인 삶을 살아갈 수 있는 환경을 만들어주어야 한다. 그것은 좋은 사람을 만나게 하고 그런 사람들과 어울리면서 아름다운 세상을 꿈꾸게 만드는 것이다.

'어머니와 선생님, 그리고 친구'

이 세 사람이 한 아이의 인생을 바꿔놓을 수도 있는 가장 중요한 환경인 것이다. 마찬가지로 인성교육은 이 세 사람과 어떻게 소통하며 닮아가는가에 달려있다고 해도 과언이 아니다.

율곡 이이 선생님이 교육의 근본 원리로 강조한 '교학상장'(教學相長)은 한 사람이 그의 어머니와 선생님, 친구와 서로 가르치고 배우며 닮아가는 과정을 하나의 단어로 응축한 것이라고 보아야 할 것이다.

'교학상장'은 시대가 흘러도 변함없는 인성교육의 원리인 셈이다.

나폴레옹의
이각모

나폴레옹의 상징과도 같은 이각모자!

이 나폴레옹의 이각모자가 2014년 11월16일 경매에서 188만4
천유로(우리 돈 약 25억8천만원)에 한국인 수집가에게 낙찰돼 세상
사람들의 관심을 끌었다.

경매소 측은 낙찰자의 신원을 공개하지 않았지만, 일본 지지통신
등 외신들은 나폴레옹 이각 모자가 한국 닭고기 전문기업 하림 김
홍국 회장에게 낙찰되었다고 보도하였다.

김홍국 회장은 한 매체와의 인터뷰에서 "마지막까지 일본인과 경
쟁하느라 낙찰 가격이 다소 올라갔지만, 벌써 30% 더 줄테니 팔라
고 하는 사람도 있을 정도로 환금성이 좋다"고 말했다. 그는 "투자

를 염두에 둔 것은 아니지만, 이런 기회를 놓칠 수 없었다"고 말하기도 했다.

평소 나폴레옹의 '불가능은 없다'는 도전정신을 높이 산 김홍국 회장은 기업가 정신을 다시 한번 일깨우자는 의미에서 나폴레옹 1세의 2각 모자를 구매하게 됐다는 설명이다.

김홍국 회장이 낙찰받은 나폴레옹의 검은색 펠트 2각모자는 나폴레옹이 지휘하던 부대의 수의사에게 나폴레옹이 선물한 것으로 오랜 세월이 지났지만 실제로 사용한 사람이 없어 그다지 닳지 않은 상태인 것으로 알려졌다. 모나코 국왕 알베르 2세의 증조부 루이 2세가 수의사의 후손에게서 이 모자를 직접 사들여 소장하다 경매에 부쳤다고 한다.

경매소 측은 낙찰 가격을 애초 50만 유로(우리돈 6억9천만원)로 예상했으나 4배에 가까운 높은 가격에 팔려 모자 경매 가격으로는 역대 최고라고 전했다.

나폴레옹의 '불가능은 없다'는 도전정신을 되새기기 위해 26억원이라는 돈을 주고 모자를 구매한 김홍국 회장의 결단력이 대단한 것은 그의 집념과 꿈이 있었기에 가능한 것이다.

나는 그런 뉴스를 접한 뒤 몇 달 뒤에 신문을 보면서 다시 한번 놀랐다.

그가 법정관리에 놓여있던 해운회사 '팬오션'을 인수한다는 소식을 접하고다. 그가 하루에 잡아들이는 닭의 숫자만도 28만여 마리에 달하는 데 그런 닭이 먹을 사료를 수입하고, 다시 닭고기를 수출하려면 운송수단인 '배'가 필요하다는 이유에서다.

닭고기 공장으로 시작해 5대양 6대주를 누비는 해운회사의 회장님으로 등극하기까지 그의 꿈을 단적으로 보여주는 것은 세계 경영을 위한 그의 의지를 상징적으로 보여주는 '나폴레옹의 이각모'일 것이다.

나는 책상 위에 놓인 물건들을 보면서 하림의 김홍국 회장을 다시 생각했다. 차범근 축구감독이나 스페인 리그에서 뛰고 있는 세계적인 축구스타 메시라면 '축구공'이 놓여있을 것이라고 생각했다.

무언극 '난타'로 1000만명 이상의 관람객을 끌어들인 송승환 성신여대 문화예술대학장의 책상 위에는 세계로 뻗어나가는 한류문화의 선봉장이 되기 위해 지구본과 에어버스 380 비행기 모델이 놓여있다는 이야기를 기사로 읽은 기억이 떠올랐다.

우리는 한 아이의 성장을 위해 무엇인가 좋아하는 물건을 가져본 적이 있을까?

모든 아이들이 천편일률적으로 게임기와 스마트폰에 중독돼 살아가는 시대에, 골목대장의 나무칼이나 어린 시절 개울가에서 조약돌을 주워 그림을 그리던 시절의 캔버스가 생각났다.

지인들의 돌잔치 집에 들릴 때마다 돌잡이 상에 올라온 아기자기한 물건을 보며 주인공인 1살짜리 어린 아이가 무엇을 집어드는지 궁금해하곤 했다.

한 아이의 미래를 축하해 주는 '돌잡이' 문화를 우리는 이미 가지고 있는 것이다. 부모의 소망은 돌잡이 상에 올라온 직업의 상징물이나 장수를 뜻하는 실꾸러미에 충분히 담겨있을 것이다.

이제 그런 돌잡이 상 문화를 학교에서도 되살려야 한다는 생각이 들었다. 그것이 인성교육의 시발점이 될 수도 있기 때문이다. 무엇인가를 정말 좋아할 수 있게 어려서부터 다양한 체험을 통해 즐거운 경험을 이어나갈 수 있도록 좀 더 세심한 배려가 필요하다는 생각이다.

아이가 무엇을 미치도록 좋아하게 만들려면 그 아이가 좋아하는 사람과 함께 있을 때 그 물건을 가지고 놀 수 있어야 한다.

엄마가 좋아하고 즐기는 물건이 책이라면 아이는 책을 좋아하게 될 것이다. 선생님이 사랑하는 물건이 피아노라면 사랑하는 제자도 피아노 치는 것을 좋아하게 될 것이다. 운동장에서 뛰어노는 아이들이 선생님과 함께 축구공을 뻥뻥 내지르며 즐거운 시간을 보낸다면 아이들은 건강한 삶을 살게 될 것이다. 로봇을 좋아하는 친구와 하루 종일 같이 생활한다면 로봇 태권V를 다시 되살리는 일을 하게 될 것이다.

대한민국의 미래는 우리 아이들이 좋아하는 사람이 무엇을 가지고 즐기며 살아가는지에 달려있다고 해도 과언이 아니다.

우리는 지금 책상 위에, 가방 속에, 가슴 속에 어떤 물건을 품고 살아가는지 스스로를 돌이켜 볼 필요가 있다는 생각이다.

한 신문에서 어느 교육 공동체 이야기를 읽었다.

인문학 공동체에서 기초 한자를 가르치는 서당, 산스크리트어 강좌, 스피노자 강의, 건축학교 등이 열렸는데, '아이와 함께 하는 갑골문 한자반'에서는 대학 교수인 아버지와 중학생 아들, 판사 엄마와 초등학생 아들이 함께 한자를 배우고 있다는 것이었다.

대학 교수와 법조인, 박사의 권위를 버려두고 어린 아이들과 공부하는 이들의 하심(下心)이 놀라웠다. 기억력과 체력은 비록 떨어지지만, 이해력과 종합력이 뛰어나 집중하는 힘과 꾸준히 공부하는 항심(恒心)이 이들을 이끄는 힘이 되고 있다는 것이다.

무엇보다 중요한 것은 인문학 공동체에서 공부를 잘하고 못하고는 중요하지 않다는 것이다. 여기서의 공부는 자신의 지평을 넓히는 일종의 수행이기 때문이다. 공부에서 필요한 건 하심과 항심일 뿐, 어른과 아이가 따로 없을 것이다.

아이들에게는 이렇게 엄마, 아빠와 함께 배우는 〈천자문〉이나 한 권의 〈사자소학〉이 인생을 바꾸는 나침반이 되어줄 수도 있다.

공부하라고 잔소리를 하는 것만이 능사가 아닐 것이다. 아이가 '책'을 즐겨 읽기를 바란다면 이제부터 아이가 읽기를 바라는 책을 책상 위에 올려놓고 먼저 읽는 습관을 들이는 것이 좋을 것이다.

그것이 롤모델로서 인성교육의 시작점이 되어 줄 것이다.

인성교육은 인간을 더 자유롭고 행복하게 살도록 하는
소중한 역할을 담당하게 될 것이다.
좋아하는 것을 찾아 끝까지 도전하고 포기하지 않는 인내심,
실패를 겪어도 쉽게 털고 일어나 다시 달려가는 열정이야말로
인성교육이 가르치고자 하는 핵심이다.

Question 2

무엇이
아이들을
위험하게
만들까?

한쪽 날개로
날아가는
새

Intro

조선시대에 아들을 서당에 맡긴 아버지가 산에서 나무를 할 때 아들을 잘 가르쳐달라는 뜻으로 싸리나무를 한 다발 묶어 훈장에게 전달하는 초달문화(楚撻文化)가 있었다.

'초달'은 회초리(鞭)를 뜻하는 것으로 이런 서당의 문화가 우리 교육에 남아 '교직'이 '교편을 잡다'라고 표현되거나 학교에서의 체벌이 일정 부분 허용되는 사회적 풍토가 이어져 오고 있다.

그래서 교사는 '직업이 무엇이냐'는 질문을 받을 때 종종 '교단에 서고 있다' 또는 '교편을 잡고 있다'고 답변하고는 한다.

선생님들은 체벌이 없어도 학생 교육이 가능한 교실을 꿈꾸고 있다. 문제는 현실이 그리 간단하지 않다는 데 있다. 학교현장의 모습은 다음과 같다.

수업 중에 떠들어 "조용히 해라"고 하면 "싫은데요"라고 응대하고 반복된 잘못을 훈계하면 "체벌금지 모르세요. 교육감에게 이를 겁니다"라고 오히려 교사에게 경고한다.

수업불참은 기본이고 지각이나 흡연하는 학생의 증가도 눈에 띈다. 교육방법론을 떠나 어느 사회나 조직에는 역사적으로 '상과 벌'이 존재한다. 학생이 잘 했을 때 칭찬과 상을 주고 잘못된 길을 걷는 제자에게는 교육적 벌을 줘 조화를 이룰 때 정상적인 학교 교육이 이뤄질 수 있기 때문이다.

교육자는 제자가 잘못된 길을 갈 때 훈계하고 반복된 잘못에 대해 벌을 줘서라도 바른 사람을 만들어야 한다. 이러한 교육자의 사명감과 열정을 인정하는 제도와 사회적 풍토가 사라져 교사가 교육자가 아닌 단순지식 전달자로 전락될까 심히 우려된다.

지난 2002년 제19회 동계올림픽이 열린 미국 솔트레이크시티에서 일어난 일이다. 학교는 학생들에게 동계올림픽 성화 봉송을 볼 수 있도록 학교 밖으로 나가는 것을 허용했고 당시 18세였던 프레제릭은 방송 카메라가 오자 '예수도 파이프로 마약을 흡입한다'는 현수막을 설치했다.

이에 교장 선생님이 현수막을 빼앗고 10일간의 정학처분을 내리자 학생과 학부모는 미국 연방수정헌법 제1조(언론, 출판, 집회의 자유) 침해로 소를 제기했다. 미국연방대법원은 2007년 6월 이를 기각하면서 '학생의 인권과 성인의 인권은 다르다'고 판시했다.

이 판례는 세계에서 가장 인권을 소중히 하는 선진국 중의 하나인 미국에서조차 학생과 성인의 권리를 구분한 사례로 여겨진다.

일부 학생들은 학칙을 어기고 교사의 정당한 지도도 거부하면서 여타 학생들의 학습권 침해를 해도 교사가 제재할 수 없다는 해방감을 느끼는 반면, 교사는 학생들이 잘못을 해도 확실한 제재수단이나 교육을 위한 벌마저 줄 수 없다는 상실감에 빠져 있다. 어쩌면 교실붕괴 현상이 나타나는 것은 당연하다고 할 수 있다.

급하면 체하고 한번 무너진 교실은 되돌리기 어렵다는 사실을 교육계는 물론 사회구성원 전체가 이해해야만 하는 것이다.

아이들이 잘못된 길에 들어서는 것을 막기 위해 회초리를 들었던 조상들의 지혜는 현대 사회에서 또 다른 걱정거리 앞에 무력화되고 있다. 지식중심의 교육에 대한 반성이다.

우리나라가 짧은 근대화와 산업화의 역사 속에서 비약적인 사회발전과 유례없는 경제국가로 발돋움하는 데 교육의 역할이 결정적이었음을 부인할 사람은 없다. PISA와 TIMSS 등 국제학업성취도 평가에서 우리 학생들은 세계 최상위의 교육적 성취 수준을 나타내고 있으며, 오바마 미국 대통령은 우리나라 교원의 우수함에서 이러한 성취를 얻은 것으로 극찬하고 있다. 오바마 대통령이 한국의 교사들을 '국가 건설자'(Nation Builders)라고 부르는 이유이기도 하다.

하지만 그 이면에 우리의 교육은 교육의 과정이나 절차보다는 우수한 성적으로 일류 대학에 진학하고 일류 직장을 가지는 것이 성공한 삶이라는 도식적 결과주의에 매몰된 지 이미 오래다.

핵가족화와 맞벌이 부부의 급증 등 사회변화에 따른 가정교육의 약화로 학교에서 인성교육이 중요하다고 외치고 있지만, 정작 교육현장에서는 입시위주 교육 풍토로 인성교육이 홀대받고 있는 형편이다.

이런 인성교육의 부재는 사회적 병리현상을 만연케하는 지경에 이르러, 세월호 참사와 땅콩회항 사건 등과 같이 국가, 사회적으로 크나큰 손실마저 초래하고 있다.

이런 상황에서 2014년 12월29일 국회에서 만장일치로 '인성교육진흥법'이 제정된 것은 큰 의미가 있다. 우리 교육과 사회의 오랜 적폐를 해소하고 지속가능한 발전을 담보할 인성교육 강화의 계기가 마련된 것이다. 그러나 시행령을 통해 형성되는 제도 속에 인성교육의 진정한 정신과 가치를 담아야만 성공을 담보할 수 있을 것이다.

인성교육의 성공은 인성교육진흥법 시행령이 어떤 목표와 방향을 제시하는지가 중요하다. 무엇보다도 시행령은 사람, 즉 학생과 학부모, 교사 중심으로 자발성을 발현할 수 있는 내용이 담겨야 한다.

단순히 법을 제정했다고 해서 저절로 인성교육이 이루어질 수 없다. 사람, 즉 학생, 학부모, 교사를 중심으로 연합을 촉진하고 자발성을 발현할 수 있는 토대를 구축해야 할 것이다. 아무리 좋은 제도

나 프로그램도 사람이 운용한다는 점에서 실질적 시행주체인 학교 현장의 적극적인 참여를 유인해 체화(體化)된 인성교육의 성공적인 정착을 담보해야 할 것이다.

또한 인성교육진흥법 시행령을 통해 이제는 청와대를 축으로 정부의 각 기관이 적극적으로 참여하여 범국민 실천운동으로 승화시킬 수 있도록 지원체제를 구축해야 한다.

국회가 여야 만장일치로 인성교육진흥법을 통과시키며 인성교육에 대한 국민의 열망을 법률 제정으로 보답한 만큼, 이제는 대통령령으로 제정된 시행령을 지원하려는 범정부적인 지원의지를 보여줄 차례가 된 것이다.

지난 3년간 한국교총과 인실련의 부단한 노력으로 인성교육의 방향성과 구체적 실천운동에 대한 국민적 공감대가 형성되었다. 학교 뿐만이 아닌 가정과 사회, 정치권, 정부의 가시적 변화도 서서히 나타나고 있다.

안정적인 법적, 제도적 토대를 구축한 지금, 정부의 정책적 노력과 가정과 사회의 각 부문이 공동의 협력을 도모하는 가운데 책임과 역할을 다할 때 인성교육은 사회에 기반을 든든히 뿌리내릴 수 있다. 학교도 교육의 본령을 바로 세우는 힘을 바로 인성교육에서 찾을 수 있을 것이다.

인성교육범국민실천연합은 지난 3년간 가정-학교-사회가 인성교육에 동참할 수 있는 새로운 방향과 구체적인 실천방안을 마련하는 데 온갖 노력을 기울여 왔다. 그 결과 국민 모두가 인성교육에 대한 필요성과 중요성에 대해 인식하게 되었고 결과보다 과정이 중요한 '인성이 진정한 실력'인 사회적 분위기가 형성되었다.

정부의 정책과 국회의 법 제정, 민간단체의 범국민 실천운동, 교육청의 지원, 언론의 홍보 등 각 부문이 책임과 역할을 다할 때 인성교육은 우리 사회에 든든한 기반을 갖출 수 있을 것이다.

하늘을 나는 새는 한쪽 날개만으로는 날 수가 없다. 왼쪽과 오른쪽 두 날개를 힘껏 사용해야만 하늘을 날 수 있는 것이다. 우리 아이들을 지식중심 교육에만 머물러 있지 않게 하고, 지식과 인성이 조화로운 사람으로 길러내야 할 이유가 여기에 있는 것이다.

이렇게 제대로 된 사람으로 길러내는 데 넘어야 할 산은 또 있다. 바로 학부모의 의식이다.

2015년 한국보건사회연구원의 한 조사에 따르면, 우리나라 사람들은 자녀를 '기쁨을 주면서도 부담스러운 존재'로 인식하는 양면성을 가진 것으로 나타났다.

미국과 스웨덴 등 선진국일수록 자녀의 가치에 대한 만족도가 상대적으로 높았지만 우리나라는 부담스럽다고 답한 부모들이 적지 않았다는 이야기다.

1970년대만 해도 2~3명의 자녀를 둔 가정들이 주변에 적지 않았지만 이제는 한 가구당 출산율이 1.12명에 이를 정도로 심각한 상황에 놓여있다. 이대로 가면 2300년쯤 대한민국의 인구가 완전히 사라질 것이라는 암울한 전망도 나오고 있는 실정이다.

그때까지 가지 않아도 2015년 60만명을 웃돌던 대학수학능력시험 응시자수가 2020년을 넘기면 45만명 수준으로 크게 낮아져 대학들이 신입생 모집에 어려움을 겪게 될 전망이다.

산업화와 민주화를 동시에 성공시켜 제3세계 국가들을 모두 부러워하게 만든 한강의 기적이 신기루처럼 사라질 위기에 처한 것을 해결하려면 젊은 가정에서 아이를 많이 낳도록 해결책을 제시할 수밖에 없다. 엄마들이 아이를 키우는 데 어려움이 없는 나라를 만들어야 하는 것이다.

하지만 젊은 여성들이 아이 키우는 것을 부담스럽게 생각하면서 출산율은 좀처럼 오르지 않고 있다. 이렇게 아이 낳기를 주저하는 여성들에게 들려주고 싶은 이야기가 있다. 전 세계적으로 존경 받는 프란치스코 교황의 이야기다.

그는 미사를 집전하면서 "출산은 삶을 풍요롭게 하는 것이지 삶의 질을 떨어뜨리는 것이 아니다"라고 경종을 울려 많은 사람들에게 감동을 주었다. 그의 말대로 삶의 질을 높이고 풍요로운 삶을 유지하려면 엄마와 아이가 행복하게 살아가는 나라를 만들어야 한다.

세계 최저 수준인 출산율을 높이려면 자녀 양육에 뒤따르는 부모의 부담을 획기적으로 줄여줄 정책이 필요한 것이다.

아이를 낳아 기르는 데 걸림돌이 되는 것은 여러 가지가 있을 수 있다. 그 가운데 우선 부모들의 생각을 바꾸는 데 정책의 힘을 쏟아야 한다.

비싼 산후조리원에 가고, 좋은 유모차를 사고, 전교 1등이 다니는 학원에 다닌다고 해서 자녀의 인생이 한방에 달라지는 것이 아닌 데도 적지 않은 부모들은 이런 의식을 가지고 있고 이를 유지하려면 한 아이만 낳아 잘 기르자는 생각이 기저에 깔려있는 것 같다.

나쁘게 이야기하면 자녀를 키우는 데 '비용'이 많이 든다는 생각을 가지고 있는 것이다. 하지만 아이를 낳아 기르는 데 이런 고민보다 더 큰 행복이 있다는 것을 알아차리게 도와주어야 한다.

내 아이에게는 삶을 살아가는 다른 방법과 선택이 있을 수 있다는 것을 이해시키고 그것을 같이 이야기하며 고민하고 시행착오를 거치면서 줄여나가는 노력을 함께 기울이는 것이다. 이것이 부모의 역할이다. 가정에서 젊은 여성은 어머니의 역할에 충실하고 국가와 사회는 그런 어머니들의 이야기에 귀를 기울이면서 정성을 다해야 한다.

사회적으로도 인식의 변화가 필요하다. 누군가가 일방적으로 지시하고 그것을 따르는 문화속에서 자율과 창의의 싹이 피어나기를 기대하기는 어려울 것이다. 학생들이 불특정한 권위에 주눅들지 않고, 탁월한 개인의 성과에 이끌려 가기보다는 평범한 사람들이 모여 좋은 시스템을 가꿔가다 보면 행복한 사회가 만들어질 것이란 믿음이 공유되는 사회를 만들도록 함께 노력해야 한다.

그런 사회에서는 조금 부족하고 경쟁에 뒤처진 아이들도 시스템

속에서 행복하게 자기 역할을 하며 살아갈 수 있는 기회가 주어지기 때문이다.

그런 의미에서 학교도 지금까지와는 다른 시스템적인 변화가 불가피하다고 생각한다. 뛰어난 개인을 키워내는 데 초점을 맞춘 학교 교육에서 벗어나야 하는 것이다.

그동안 우리는 너무나 많은 실험주의적 교육정책에 멍들어 왔다. 모두가 행복한 학교를 만드는 실천주의적 실행 전략이 필요한 때다.

이제 암기식 교육과 창의 교육으로 대비되어 온 학교교육에 제3의 길을 제시할 때가 되었다. 지식과 인성교육에 있어 '인성교육'이 더 우선시 되어야 한다는 의미이다.

실력과 인성을 동시에 갖춘 전인적인 교육을 위해 그 동안 부족했던 '인성' 교육을 미래사회를 준비하는 가장 중요한 역량으로 새롭게 돌아보아야 할 시점에 도달한 것이다.

수학태교 하는
나라

　세상에서 가장 무섭고 어려운 질문 가운데 하나를 들라면 이런 질문을 손꼽고 싶다.

　"무엇이 아이들을 가장 위험에 빠뜨리게 하는 생각일까?"

　질문에 대한 답은 각자가 처한 상황에 따라 모두 다를 수 있겠지만, 한 가정의 미래이자 한 사회, 한 국가의 미래라고 볼 수 있는 아이들을 위험에 빠뜨리는 생각은 인류의 미래에 대한 선전포고와 다름이 없을 것이다.

　이 정도 이야기로 시작하면 우리가 얼마나 심각한 주제를 다루며 실마리를 풀어가고 있는 지 쉽게 눈치챌 수 있을 것이다.

　이런 위험한 사고방식 가운데 하나를 경계하는 글이 한 신문에 실려 소개한다.

논리적이고 사고력 강한 아이를 낳기 위해 매일 수학문제를 풀고 공부하는 수학태교가 유행이라는 지적이 그것이다. 수학이 대학의 당락을 결정하는 시대에 내 아이를 수학포기자(일명 '수포자')로 만들지 않으려는 열의는 알겠지만 과학적인 효과는 기대할 수 없다는 것이다.

이것은 오롯이 불안한 학부모의 마음을 건드리는 학원들의 대표적인 '불안' 마케팅의 하나일 뿐이라는 것이다. 하지만 현실은 그렇게 녹록하지 않다. 학창 시절 수학에 애로를 많이 겪은 성인일수록 부모가 되어서 그 고통을 자식에게 물려주지 않으려는 심리가 기제로 작동하고 있는 것이다.

이런 불안한 심리가 학부모들의 마음에 파고들수록 '인성교육'이 제대로 정착하기는 정말 쉽지 않은 일이다.

전문가들은 최고의 태교를 '엄마가 행복을 느끼는 순간'이라고 말한다. 특히 아빠의 음성과 사랑을 강조하고 있다. 잉태의 순간 아빠의 몸과 마음이 청결하고, 임신기간 아내의 손발이 돼 사랑을 쏟아붇는 것만큼 좋은 태교는 없다는 것이다.

이것이 인성교육의 기초가 되는 '태교'라고 주장한다면 부족한 것일까? 엄마 뱃속에서 부모와 대화하며 사랑으로 커나가야 하는 아이들에게 뱃속에서부터 기성사회의 경쟁시스템을 듣고 자라난다면 그리고 수학공부에 대한 두려움을 마음 속에 담고 태어난다면 그 아이의 미래는 오히려 행복과는 거리가 먼 삶을 살 수도 있을 것이다.

경쟁을 통한 만족에는 끝이 없기 때문에 그칠 줄 모르는 삶은 행복과는 거리감이 느껴질 수 있기 때문이다. 부작용은 비단 이것만이 아니다. 그것은 태교를 하는 엄마의 정서에도 심각하게 부정적인 영향을 끼칠 위험이 농후하다.

다른 신문에서 지적하는 '수학태교'에 관한 이야기도 들어보자.

수학을 못하면 대학 가기 어렵다고 할 정도로 수학은 우리 아이들의 꿈을 가로막는 장애물이라는 것이다. 수학 때문에 사교육과 선행학습에 매달리고 수학태교를 하는 임신부도 생겨나고 있다는 지적이다.

원인은 수학 내용이 어렵고, 배울 양이 많고, 진도가 빠른 탓에 초등학생 10명 중 4명, 중학생은 5명, 고등학생은 6명이 수학을 포기했다고 응답하고 있다는 것이다. 이에 교육부가 수학교과 내용을 줄이고 난이도를 낮추는 내용의 교육과정 개편안을 마련한 것은 바람직하다는 지적이다.

그러나 전체적인 수학실력 하향 평준화를 초래하지 않도록 수포자도 줄이고, 수학실력 저하도 막을 수 있는 묘안이 필요함을 함께 지적하고 있다.

중고교 교사를 거쳐 대학교수에 이르기까지 나는 학생들을 평가하는 위치에 서 있었다. 20년 넘게 초등학교 교사를 길러내면서 '교사는 어떻게 평가를 해야 하는가?'는 늘 내 고민의 한 축에 자리잡고 있었다. 그것은 이런 것이다.

평가이론에는 두 가지 단어가 늘 따라다닌다. 하나는 'Evaluation' 이란 단어이고, 또 다른 하나는 'Assessment'라는 것이다.

교육학자들은 Assessment를 '사정'이라는 우리말로 번역한다. 이것은 학생을 평가하면서 결과뿐만 아니라 그 이유까지 생각하는 것을 의미한다. '사정'이란 단어에 비해 한 사람의 평가 결과를 예를 들어 수치화하고 단정적으로 정리하는 것은 'Evaluation'이라는 용어를 사용한다.

교육은 마음을 소통하지 않으면 안 되는 것이다. 학력도 마찬가지다. 지혜를 가르칠 수는 없다. 가르칠 수 있는 것은 오로지 '지식'만 가능하다. 그래서 Evaluation에 집착해 교사가 성적을 올리는 데만 혈안이 된다면 단순한 기능인이 되어버리고 말 것이다. 학교가 존재할 이유가 없는 것이다.

학교가 Evaluation에 집착하고 교사들이 성적을 향상시키는 데에만 관심을 가지게 된다면, 학교의 존재력은 약화될 수 밖에 없다. 성적을 놓고 학원과 경쟁이 심화되기 때문이다. 상대적으로 학원의 비교경쟁 우위가 지속돼 학원수가 계속 늘어나는 원인이 될 것이다.

교육 분야에서도 선진국들이 이미 경험한 우려를 다시 반복하고 있는 것이다. 그런 경험을 이미 거친 교육 선진국에 학원이 존재하지 않는 이유가 바로 이것 때문이다.

선진국들은 경제력도 충분하고 학교 시스템도 대학을 안 가도 행복하게 살 수 있는 기반이 마련되어 있기 때문에 '입시 경쟁'이 굳이 필요 없는 사회문화가 조성되어 있는 것이다. 이런 나라에 찾아가 '수학태교'를 하는지? 질문한다면 어리둥절한 반응을 보일 것이다.

이민족이 아무리 들어와도 다 먹고 살 수 있는 나라가 바로 이들 선진국인 것이다. 우리나라는 경제적으로나 사회적으로 그렇게 될 수 있는 기반이 아직 부족하기 때문에 그나마 신분상승의 통로가 되는 대학진학을 통해 보다 나은 직장을 얻고 안전한 생활에 필요한 경쟁우위를 얻고자 하는 것이다.

그런 입시제도의 핵심에 수학이라는 평가과목이 중요하게 자리 잡고 있는 것이다. 자원도 없고 오로지 사람만 존재하는 나라에서 우수한 인재가 되는 길만이 생존을 보장하는 시스템이 지난 세월 우리 역사에 깊이 자리잡고 있는 것이다.

이제 이런 무모한 경쟁 시스템에서 학교를 벗어나게 해주려면 다른 각도에서 시스템을 정비할 필요가 있다.

바로 학교체제의 개편이다. 우리나라는 직업 전문계 중학교를 만들어서 일정 부분 하부구조에 직업 장인정신을 마련해야 한다. 대신 육체노동을 하는 사람들의 보수를 계속 올려주고 정신노동을 하는 사람들은 노블레스 오블리제를 실천해야 한다.

그것이 사회민주주의의 길이라고 볼 수 있다. 모두가 경쟁에서 벗어나 행복한 삶을 마련하려면 그 길을 가는 수 밖에 없다. 그러나 우리는 모든 사람을 대학까지 보내 경쟁력을 창출하려고 한다. 그것이 한계에 도달하고 있는 것이다.

한계의 마지막 지점에서 우리를 기다리고 있는 것은 바로 양극화로 인한 사회적 갈등 상황이라고 볼 수 있다. 그 양극화가 교육 시스템 안에서도 양극화 현상을 부추기고, 이로 인해 사교육비가 증가해 가계를 압박하고 급기야는 출산율 저하라는 최악의 상황을 맞이하게 된 것이다.

교육뿐만 아니라 사회적으로도 양극화를 가장 부추기는 기반이 바로 Evaluation시스템인 것이다. 이런 부작용을 막고 사회양극화로 인한 갈등을 봉합하려면 사람들의 마음을 하나로 묶어내는 교육을 시켜야 한다는 것이 나의 생각이다.

그 중심에 '인성교육'이 있어야 한다. 대신 'Self-evaluation'의 정신을 학교 현장과 시민단체, 기업 등 사회 전반에 의식의 전환을 촉구해야 한다고 생각한다. 그것이 공동체를 살리는 이념의 공유로서 우리가 가장 중시해야 할 시대적 사명이라고 생각하는 것이다.

박근혜 정부의 출범과 함께 시작된 '자유학기제'도 마찬가지다. 교사와 학생이 학업 지식능력만 평가하지 말고 상상력을 모으고 체험활동을 하는 방향으로 숙의하는 과정이 필요한 것이다. 2016년 전면 실시를 앞두고 있는 중학교 자유학기제는 한 학기만의 실험에 그쳐서는 안된다.

꿈과 끼를 키워주는 교육에서 더 나아가 학생들 스스로 문제를 해결하는 미래역량을 기르는 인성교육의 도장으로 발전시켜 나가야 한다는 생각이다.

자유학기제에서 가장 중요한 역할을 해야 할 사람은 바로 아이들의 롤모델이 되어줄 선생님이기 때문에 교사들의 미래역량을 길러주기 위한 사회적인 지원시스템도 반드시 갖추어져야 한다.

교육은 마음을 공유하는 일이다. 그 마음의 공유는 인적요인인 선생님과 학생, 학부모 모두의 마음을 공유하는 데서 출발해야 한다. 자유학기제는 성적이라는 평가 잣대로 자칫 학원화될 우려가 있던 학교교육을 인성교육의 도량으로 전환시키는 중요한 기반이 될 수도 있다. 하지만 성적보다 꿈, 끼를 중시하는 학생, 학부모, 교사의 마음이 모아져야 가능한 일이다.

그동안 자신의 소질과 적성, 잠재력을 키워주고, 다양한 가능성이 있다는 자신감을 심어주는데 노력했어야 하는데 지나치게 성적과 점수에 치중하는 교육을 제자들에게 강요하지 않았나 반성도 해본다. 또한 치열한 점수경쟁을 강요하다보니 지·덕·체 등 인성교육에 좀 더 공을 들이고 제자들에게 더 잘해주지 못한 것은 아닌지 아쉬움도 크다.

긴 인생에서 볼 때 시험을 통한 평가는 단지 하나의 과정에 불과할 따름이다. 대입 수능을 끝내고 곧 성인이 될 수험생에게는 '인생 수능'이 기다리고 있다는 점에서 '인생 수능'에서 성공을 할 수 있다는 자신감을 가지도록 교육시스템을 바꿔나가야 한다.

얼마 전 수많은 학부모가 참석한 대학 입시 설명회장에서 한 강사가 "대입제도 변경 금지법 제정이 필요하다"고 주장하자 많은 학부모가 크게 환호하며 동의했다고 한다.

"매년 왔다갔다 하는 교육 정책에 너무 힘들다"거나 "고3이 실험 쥐냐"는 자조적인 목소리가 교육 현장은 물론 많은 학생, 학부모로부터 나오고 있는 것이다.

대표적인 불만은 현재의 고1, 고2, 고3 학생들이 각각 다른 유형의 수능시험을 치러야 한다는 것이다. 고2 학생이 치르는 2017학년도 수능은 국사가 필수과목이고, 고1 학생이 치르는 2018년도 수능은 영어가 절대평가로 바뀐다. 또 교육부가 추진하고 있는 문·이과 통합 교육과정에 따라 2021학년도 수능도 이미 전면 개편이 예고된 상황이다.

"큰 애와 작은 아이의 교과서가 다르고 입시제도가 너무 복잡해 알기도 어렵고 자녀 지도가 불가능하다"는 학부모의 탄식이 나오는 이유다.

교육과정과 입시뿐인가? 선행학습의 폐해와 사교육비 부담을 줄인다는 취지로 학교 정규 교과와 방과후학교 선행학습을 규제하는 '선행학습 금지법'도 교육부가 시행 6개월 만에 방과후학교에는 허용하는 개정안을 입법 예고했다. 결국 학원은 광고만 규제하면서 정작 학교의 선행학습만 옥죄는 모순을 뒤늦게 인정한 것이다.

검증 안 된 설익은 교육정책에 신음하는 학교 현장은 '개혁 피로증'으로 인해 교육의 본질을 생각할 수조차 없는 지경에 이르렀다.

정권과 교육감이 바뀔 때마다 입시제도와 교육과정을 변경하는 바람에 교육 현장은 안정되지 못하고 학생과 교원, 학부모는 어려움을 겪는다.

과거 학교 개방을 내세운 '열린교육' 실험, "하나만 잘하면 대학 갈 수 있다"는 무모한 정책으로 말미암아 대한민국 교육의 실패를 자조적으로 표현한 '이해찬 세대'라는 말이 회자됐었다. 이제 이런 잘못된 전철을 되풀이해서는 안 된다. 남발되는 교육실험 정책과 인기 영합 정책을 차단하기 위해 다음과 같이 제안한다.

첫째, 교육이 추구해야 할 '항존적'(恒存的) 가치를 무시하고 변화만이 교육의 발전이라는 교육의 본말 전도 현상을 바로잡아야 한다. 교육은 그 어떤 분야보다도 일관성·연속성·안정성이 최우선시 되어야 할 분야이다. 긴 안목으로 앞을 내다보면서 시대 흐름을 반영하고 잘못된 것을 바꿀 때는 그에 따른 부작용과 대안 마련이 전제돼야 한다.

둘째, 대통령과 교육감 선거 때 재정 확보 계획이 뒷받침되지 않는 공약은 금지시키는 제도적 장치가 요구된다. 후보자들은 득표에 조금만 도움이 되면 포퓰리즘 공약을 남발하고, 유권자들은 이런 달콤한 당의정에 빠져들기 십상이다. 이런 악순환을 차단하려면 선거 공약에도 예산이 확보돼야 추진하는 '페이고(Pay Go) 원칙' 도입이 필요하다.

셋째, 대한민국 국민이 모두 나서 가장 우선적으로 추구해야 하는 인성교육을 위해 학생을 중심으로 교원과 학부모가 동지(同志)적 뜻을 공유하는 '학사모(學師母)일체운동'을 제안한다. 교육의 기본은 학교 현장이다. 학교의 존재 이유와 교육의 목적을 교사와 학부모가 공유할 때 인성교육이 가능하고 공교육은 활성화되게 된다.

넷째, 국가·사회적 대토론을 통한 국가적 합의를 이끌어내기 위한 민관시스템 구축이 필요하다. 프랑스·미국 대입 제도의 큰 틀이 오랫동안 유지된 이유는 사회적 합의가 전제되었기 때문이다. 따라서 정부–국회–교원·학부모단체–학계 등이 참여하는 '가칭 국가교육위원회'를 구성해 국가·사회적 대타협을 통한 정책을 마련해야 한다. 최근 한 일간지에 보도된 '국민 1000명의 설문조사' 결과 국민 열에 아홉은 "교육 정책만은 사회적 합의가 필요하다"고 응답한 것을 정부나 국회와 교육감은 가슴 깊이 새겨야 할 대목이다.

대통령과 교육감은 임기가 끝나면 떠나지만 잘못된 실험주의 정책으로 인한 피해는 고스란히 학생, 학부모, 학교 현장에 남아 우리의 미래를 좌우하게 된다. 대한민국의 미래와 인재를 길러내는 교육만은 결코 '정책 실험의 대상'이 될 수 없는 것이다.

증자의
돼지

　지난 2010년 게임을 못하게 한다고 부모를 죽이고, 학생인권조
례와 체벌 전면금지 이후 초중고 학생들이 수업 중 여교사를 폭행
하는 등 우리 사회에서 결코 일어나지 말아야 할 일들이 연이어 터
지면서 사회를 큰 충격에 빠뜨리고 있다.

　혹자는 자식이 부모를 죽이고 제자가 선생님을 폭행하는 사회의
책임이 잘못된 교육 시스템에 있다며 학교를 개혁할 것을 주문하기
도 한다.

　무엇이 우리 아이들을(모든 학생들은 아니지만) 이렇게 위험한
상황에 빠지도록 내버려 둔 것일까?

　학교 현장에서 선생님들은 단지 교과서만 가지고 학생들의 교육

에 임하지는 않는다. 글로벌화된 세계, 초고속 인터넷 시대의 정보 홍수 속에 자라나는 학생들에게 지면 속의 지식은 어쩌면 진부하게 느껴질 수 밖에 없다. 부모나 선생님들보다 더욱 많은 정보와 소식을 접한 학생들에게 그 정보에 대한 정확한 원인과 판단을 일깨워 주는 것도 시대흐름에 맞는 교육이기 때문이다.

흔히 '사회는 또다른 교실' 이라는 말을 한다. 교실과 학교 안에서만의 교육이 아닌 사회를 통해 학생들에게 삶의 지혜와 인생에 대한 깨달음을 주어야 하기 때문이다.

아무리 선생님들이 '민주주의는 대화와 타협의 산물'이라거나 '민주주의는 다수결의 원칙'이라고 가르쳐도 국민 대의기관인 국회에서의 낯 뜨거운 육탄전을 보고 자란 우리 아이들이 선생님의 말씀을 마음 속에 깊이 담을까 싶다.

중국 춘추시대(春秋時代)의 유학자인 증자에 관한 이야기다. 어느 날 증자의 아내가 시장에 가려고 집을 나섰는 데 어린 아들이 시장에 가고 싶다며 따라오면서 울었다. 이에 증자의 아내가 "애야, 집으로 돌아가 있어라. 내가 시장에 갔다 와서 돼지를 삶아 주마"하며 아들을 달랜 후 시장에 갔다.

얼마 후 시장에서 돌아온 증자의 아내는 증자가 돼지를 잡으려 하는 것을 보고 깜짝 놀라 증자에게 그 이유를 물었다. 이에 증자는 "당신이 아이와 약속을 했지 않습니까?"

아내는 가슴을 탕탕치며 "어휴, 당신도! 단지 아이를 달래기 위해서 해본 말인데 정말 돼지를 잡으시면 어떻게 합니까?"

그러자 증자는 정색을 하고 "어린 아이에게 실없는 말을 해서는 안 됩니다. 아이들은 무엇이든 부모를 흉내내고 배우려 하기 때문이오. 그런데 당신은 어머니로서 아들을 속였으니 앞으로 아들이 어머니를 믿지 않게 된다면 장차 어떻게 교육을 시킬 수 있단 말입니까"라고 말하고 돼지를 잡아 아들에게 먹였다고 한다.

'돼지 잡은 증자'의 이야기는 사회와 가정, 학교에서 어른들의 말과 행동 하나하나가 아이들에게 많은 영향을 준다는 교훈을 준다. 어른들보다 정보 접근성이 뛰어난 요즘 학생들에게 자신들은 안 하면서 올바른 행동을 강요해서는 마음 속의 비웃음만 살뿐이다.

사회라는 거울이 우리 아이들의 눈에 비칠 때, 아름다운 본보기가 되도록 해야 하는 이유가 여기에 있다.

정치권은 더 이상 우리 아이들이 맑은 눈으로 '선생님, 국회에서 매번 몸싸움 하는데, 왜 우리가 다툰다고 야단치시나요?'라고 물을 때 교사가 말문이 막히지 않게 해주길 진심으로 바란다. 또한 우리 사회도 더 이상 너무나 부끄러운 기사로 우리 아이들의 눈과 귀를 막고 싶다는 내용이 나오지 않도록 모두가 노력하는 계기로 삼아야 할 것이다.

증자의 돼지 이야기는 자녀를 키우는 부모들에게 거울이 되는 교훈이라고 할 수 있다. 귀감이 되는 부모의 이야기는 박찬석 전 경북대 총장의 회고담에서도 다시 한번 확인할 수 있다.

시골에서 나름 공부를 잘하던 박찬석 학생은 대구중학교로 진학을 한다. 경북에서 공부를 좀 한다는 우수한 학생들이 모인 학교에서 그는 한 반 68명 가운데 68등, 꼴찌를 한다. 방학을 맞아 도시로 나간 아들을 기다리는 아버지의 기대에 못미친 박찬석 학생은 성적표에 적힌 등수를 고친다. 1등으로 고친 것이다.

방학을 맞아 고향으로 돌아온 아들의 성적표를 받아든 아버지는 기뻐하며 동네 잔치를 열어주었다. 가난한 살림에 집안에 있는 재물이라고는 돼지 한 마리가 전부인 집에서 돼지는 잔치상에 올려졌다.

중학교 1학년 학생의 눈에 비친 아버지는 아들에 대한 사랑과 자부심으로 가득차 있었다. 그날부터 박찬석 학생은 달라지기 시작했다. 공부를 열심히 했음은 물론이다.

그는 서울대에 진학한 뒤 나중에는 고향인 대구에서 국립 경북대학교 총장의 자리에까지 오르게 된다.

훗날 당시 자신의 나이와 같은 중학생 아들을 둔 박찬석 총장은 아버지 생일 잔치에 참석했다. 식사가 한창 진행되고 있을 때 박 총장은 그 옛날 돼지가 생각 나 아버지에게 자신이 성적표를 고친 사연을 이야기하고 사죄를 드려야겠다고 생각했다.

"아버지, 중학교때 돼지 잡아 잔치를 열어주셨잖아요. 그때 제가 1등을 했다고…"

말을 이어가려는 데 아버지가 말을 가로막았다. "다 알고 있었다. 얘기 안해도 된다."

박찬석 총장은 아직도 아버지의 깊은 마음 속을 헤아릴 수 없다고 고백한다. 그저 아버지의 길이 멀고도 험한 것이라는 것 말고는.

이런 것이 롤모델이 되어주는 인성교육의 대표적인 사례가 아닐까?

증자의 아버지나 박찬석 총장의 아버지나 돼지를 잡은 사연은 맥락이 같은 것이다. 약속을 지키기 위해 손해를 감수하고 돼지를 잡은 사연이나, 아들의 거짓을 눈감아 주면서까지 돼지를 잡아 동네 잔치를 열어준 아버지의 마음을 어찌 다 헤아리겠는가?

돼지를 잡아 가면서까지 아이들의 마음을 얻기 위해 노력해야 하는 것은 사춘기 학생들의 마음을 지식만으로는 사로잡을 수 없기 때문일 것이다.

심지어 '북한이 가장 무서워하는 것이 중2 학생들이다'란 우스갯소리가 교육계 안팎에서 유행하고 있을 정도다. 이런 농담은 단지 유쾌하게 지나칠 만큼 현실은 그리 녹록하지 않다.

성장기 아이들을 키우는 어려움은 여기서 머물지 않는다.

13세에서 15세에 이르는 초등학교 6학년부터 중학교 2학년 학생들을 흔히 'B세대'라고 부른다. 여기서 B는 Bomb' 즉, 폭탄을 의미하는 것으로 언제 터질지 모르는 위험한 폭탄 같은 세대임을 비유하는 것이다.

최근 학교폭력 실태조사에서 드러난 학교폭력의 심각성, 고양시의 10대 또래 살해·암매장 사건, 청소년 사망원인의 1위가 자살이라는 일련의 뉴스는 위기의 10대 현실을 그대로 나타내고 있다. 나아가 국가 미래를 짊어질 10대의 이런 일그러진 실상을 우리 사회가 심각히 받아들이고, 이를 어떻게 바로 잡을 것인가라는 진지한 성찰이 필요함에도 그런 모습이 부족한 것 같아 크게 아쉬울 뿐이다.

날로 심해지는 10대 청소년들의 일탈 행동에 대해 성찰하고, 가정과 학교 교육, 나아가 우리 사회가 바꿔야 할 사항은 무엇인지 함께 고민해 보았으면 한다.

첫째, 잃어버린 교육의 본질을 되찾는 데 함께 노력하자고 다시금 제안한다. 일제강점기와 6·25전쟁의 폐허 속에서 국가발전을 이끈 원동력은 바로 교육에 있었고, 우리의 부모는 자녀교육을 통해 미래의 희망을 품어왔다.

자신은 못 배우고, 못 먹고, 못 입어도 자식 공부만은 결코 포기하지 않는 교육열과 교육자의 헌신으로 우수 인재를 양성해 60년 만에 세계 최빈국에서 세계 10대 무역대국과 OECD 국가의 반열에 오를 수 있었다.

산업화 시대를 거치면서 교육의 양적 팽창은 급속히 이루어져 세계 최고 수준의 고등교육 진학률, 학생의 학업성취평가를 자랑하고 있지만, 교육의 질적 가치 향상 등은 오히려 약화된 것은 아닌지 심히 우려된다.

나는 30여년을 중등학교 교사와 서울교대 교수로 재직하면서 '교육은 사람을 만드는 고도의 예술이다'는 신념을 갖고 연구와 수업에 전념해 왔다.

단지 지식의 축적과 전달만을 강요하는 부모와 사회, 명문대학 진학률, 무상급식, 반값 등록금 논란 등 교육 외적 요인이 사회 담론으로 이어지는 현실 속에서 정작 우리 아이들의 인생에 있어 무엇이 중요한지, 어떠한 삶을 살아가야 하는지에 대한 사회적 논의는 상대적으로 약화된 것이 현실이다.

아이들에게 입시와 성적만을 강조할 것이 아니라, 학교와 학원을 오가며 잊어버린 낭만과 우정, 추억 또한 소중한 것임을 일깨워 주고, 그러한 사회적 분위기와 여건이 조성될 수 있도록 입시 등 교육 제도의 혁신이 뒤따라야 위기의 10대가 '희망의 10대'로 바뀔 수 있다고 생각한다.

둘째, 자라나는 학생들에게 인간의 본성을 일깨워주어야 한다. 학교폭력의 가해 학생들에게서 나타나는 일반적인 현상은 죄의식을 크게 느끼지 못한다는 점이다. 자신의 언행으로 친구가 죽을 만큼 괴로워한다는 인식조차 없다는 것은 문제가 아닐 수 없다. 기성세대도 '애들은 싸우면서 크는 거야!'라는 무의식, 또는 관대함이 잠재되어 있어 그간 학생 간 갈등 관계에 있어 무관심하거나 소홀한 모습을 보여 왔다.

핵가족화 시대에 귀하게 자란 우리 아이들은 더불어 살아가는 지혜를 터득하는 기회가 적어지고 있다. 자기 분노조절 능력이 떨어지고 우정의 의미와 측은지심의 고귀함, 해야 할 일과 하지 말아야 할 일을 구분하는 판단력, 인내와 자제력이 약화되고 있다.

또한 인터넷과 휴대전화, 불건전한 게임 등이 더해져 감수성이 예민한 청소년들의 올바른 가치관 정립에 장애요소로 작용하고 있다. 물론 학생 탓만 해서는 안 되며, 어른들의 반성이 전제되어야 한다.

과거에 비해 정보 접근성이 뛰어난 우리 아이들은 사회관계망서비스(SNS), 인터넷을 통해 사회병리 현상을 쉽게 접하고 있다. 언론 속에 비친 국회 폭력, 사회범죄 증가 속에서 '너희들은 그러면 안 된다'라는 말은 허황되기 때문이다. 우리 모두 '내 탓이오'라는 자세로 더 분발해야 하는 이유다.

'두려운 10대, 불쌍한 10대'라는 상반된 표현 속에 10대의 위기는 점차 고조될 것이다. 이제 더 늦기 전에 가정과 학교, 사회가 우리의 사랑스런 아들, 딸들이 올바르게 성장할 수 있도록 '학생 생명 및 학교 살리기 범국민운동'에 함께 나서주길 간곡히 호소한다.

올바른 교육은 잘못된 길을 가는 자녀와 학생을 포기하지 않고, 바른 길로 인도하는 것임을 결코 잊어서는 안 될 것이다.

기합이
필요한
아이들

아이들을 자유롭게 방목해서 키우는 장점은 분명히 있다. 밝고 건강하게 키우려는 목적이 그것이다. 나는 그것을 '기분(氣分)'이 좋아지는 교육이라고 부른다. 그야말로 몸의 기운이 사방으로 퍼지고 나뉘어지는 기분일 것이다. 하지만 기운(氣)이 나뉘어지니(分) 몸은 나른하고 자칫 방만해지기 쉽다.

수업을 할 때 이렇게 기분이 좋아지는 감정은 때론 의도한 바와 달리 집중력을 잃게 만들 수도 있다. 그럴 때 정신을 모으고 힘을 합해 몰입하는 감정을 가지게 하는 것은 매우 중요한 수업의 방법이 될 것이다.

말 그대로 기운(氣)을 합한다(合)는 뜻이 여기서 나왔다. 바로 '기합(氣合)'의 힘이다. 이것을 보여주는 일화는 많다. 정신일도하사불성(精神一到何事不成)이란 말이 바로 그것이다. 몸의 기운을 모으면 못할 일이 없다는 것이다.

그런데 이런 기합의 정신을 가장 많이 필요로 하는 시기가 언제일까? 나는 중학교 시절이라고 단호히 말할 수 있다. 따라서 이 시기에는 지식교육 못지않게 정신을 모으는 수양과 신체활동이 체계적으로 필요한 시기라고 할 수 있다.

신체가 건강해야 정신도 건강하고 학습효율도 올릴 수 있으며 창의적인 생각도 도모할 수 있는 것이다.

인성교육에서 건강한 신체를 만들고 기합의 정신을 기르도록 하는 것은 매우 중요한 일이다. 이런 인성교육이 제대로 이뤄지지 않을 때 아이들은 넘치는 성장기의 에너지를 이상한 곳으로 발산하기 십상이다. 그 부작용은 다음과 같은 심각한 사회문제로 우리에게 찾아올 수도 있다.

T.I.P

#장면 1
2011년 12월20일, 3년여에 걸쳐 친구들의 상습적 괴롭힘(물고문, 구타, 갈취 등)에 시달려온 대구 중학생 권 모군이 아파트 엘리베이터에 쪼그리고 앉아 오른손으로 눈물을 닦고 있는 모습. 7시간이 지난 뒤 김군은 아파트 15층에서 투신 자살했다.

#사실 1

2012년 1~7월 전국 학교폭력 신고전화 건수는 3만4,968건으로, 2011년 접수된 280건보다 125배나 증가했다.

#사실 2

2012년 1월, 한국교육개발원의 국민인식 조사 결과, "학교폭력 가해 사실의 학생부 기재는 학교폭력 근절에 도움이 된다"는 응답 비율은 교장 · 교감 86.6%, 학부모 81.2%, 교사 79.9%, 일반인 78.2%, 학생 68.9%에 달했다.

#사실 3

2012년 8월, 국가인권위원회는 "학교생활기록부에 학교폭력 가해 사실을 기재하는 것은 인권을 침해할 소지가 있다"며 개선을 요구했다.

#사실 4

경기, 강원, 전북 교육감 등은 학교폭력 가해 사실의 학생부 기재를 거부하는 선언을 했다. 2012년 9월 현재 경기 6곳, 전북 16곳 등 총 22개 고교가 미기재를 선택했다.

#사실 5

국민권익위원회의 지난 6~8월 설문조사 결과, 1,170명 중 54%인 636명이 학교폭력 해법으로 "가해자에 대한 징계 강화"라고 응답했다.

이상은 지난 2011년 대구에서 발생한 학교폭력 가해 사실의 학교생활기록부 기재와 관련된 흐름을 간단히 정리한 것이다. 학교폭력 가해 사실을 "학생부에 담으라"는 교육부의 지시와 "담지 말라"는 일부 교육감의 상이한 명령으로 학교현장은 고래 싸움에 새우 등 터질 상황에 이르렀다.

이런 혼란 속에서 머릿속을 떠나지 않는 것은 고귀한 목숨을 던지기 전 엘리베이터 안에서 눈물짓던 중학생의 모습이다. 우리 모두 이 슬픈 장면을 다 잊은 것인지, 교육자이자 아버지로서 아직도 그 아이를 지켜주지 못한 죄책감이 뼈저리게 가슴에 남아 있다.

다시는 이런 비극과 슬픔을 겪지 않기 위해 '모두 내 탓이오'라는 심정으로 학교폭력 근절에 나서자는 사회적 약속과 의지는 다 사라지고 학교폭력 가해 사실의 학생부 기재 여부를 놓고 처절하게 싸우는 모습만 남아 있다. 너무나 안타깝고 떠나간 아이에게 죄스러울 뿐이다.

학교폭력을 근절해야 한다는 본질은 실종되고 학교폭력 대책 중 하나인 학생부 기재 여부가 논란의 중심이 되는 현실, 전북교육감이 나서서 정치권에 교육부 장관의 탄핵요청서를 발송하는 초유의 상황까지 발생하기도 했다.

하지만 교육은 잠시 잘못된 길을 가는 제자를 바른 길로 인도하는 기능을 해야 한다. 그러나 '애들은 싸우면서 큰다'는 잘못된 인식과 온정주의적 대처로 학교폭력의 심각성을 키우고, 피해 학생의 고통을 소홀히 해왔다는 사회적 자성을 외면한 채, 가해 학생의 낙인 효과라는 인권 측면만 지나치게 강조해서는 결코 학교폭력 근절의 답을 찾기는 어려울 것이다.

학교폭력 등 문제 학생들에게 교내외 봉사활동이나 정학 등 징계 조치가 내려지면 같은 학교 친구들이 다 알게 되지만 낙인 효과 우려 때문에 해서는 안 된다고 주장하는 이는 찾아보기 어렵다.

아이들에게 자신의 행동에 책임이 따른다는 사실을 명확히 인식시키고, 가해자가 대접받는 사회는 미래가 없다는 사회적 공감대가 절실한 이유다. 결국 대입 수시전형 과정에서 선의의 피해 학생이 생길 수 있다는 생각에서 교육감들은 무조건적인 반대만 할 것이 아니라 개선을 통해 이 문제를 해결할 수 있는 합리적인 방법을 찾아야 하는 것이다.

교육부도 인내심을 갖고 해당 교육감과 미기재 학교를 설득하는 노력을 다했어야 한다. 지금 우리에게 부여된 가장 큰 사회적, 교육적 책임은 학교폭력의 고통으로 눈물짓는 아이가 없도록 해야 한다는 사실이다.

기분이 좋은 아이들이 상처를 받기 쉬운 상황은 이밖에도 많다. 따뜻한 말 한마디가 아이들의 기합을 위해 얼마나 소중한 교육행위인지 되새겨볼 필요가 있는 것이다.

바쁜 한 주를 준비하는 일요일 저녁. 모든 일상을 잊고 재미있게 보는 TV 개그 코너 가운데 '감수성'이란 프로그램이 있었다.

때는 조선시대, 청나라의 침략으로 도성을 잃고 감수성(城)에 몽진한 왕과 신하가 엮는 이야기는 아픈 과거사와 대비되어 웃음을 자아낸다.

감수성(感受性) 많은 왕과 신하들, 청나라 포로는 전란의 상황에서 서로 마음에 상처를 주는 말을 무의식적으로 하곤 한다. 그때 감수성을 자극하는 음악이 은은하게 흐르고 심한 말을 한 사람은 감수성이 발동하면서 미안한 표정을 짓는다.

옥좌에 앉은 왕도 신하의 푸념과 섭섭함의 표현을 풍부한 감수성으로 이해하고 사과한다. 이 코너를 보면서 세태의 각박함 속에서 메말라가는 우리의 감성을 돌아보게 된다. 경쟁과 이성이 중시되고 남보다는 자신의 개성과 권리를 지나치게 주장하는 세태를 풍자하는 것은 아닌지 스스로 의미부여도 해본다.

춥고 배고팠던 가난한 시절, 못 먹고 못 입어도 우리 부모님과 선배들은 결코 꿈을 잊지 않았고 자식들의 교육을 통해 미래의 희망을 가졌다. 당신들은 못 먹고 못 배웠어도 자식들을 통한 대리 성취감으로 모진 인생의 굴레를 기꺼이 감수하셨다.

비록 큰 배움은 없었어도 남에 대한 배려, 예의와 도덕을 자식들에게 몸소 실천으로 보여주었다. 세계적으로 인정받은 것처럼 우리나라는 이런 국민의 교육열과 교육자들의 열정을 통한 우수 인재육성으로 세계 10위권의 경제대국으로 발돋움했다.

하지만 이런 성취의 과정에서 우리는 많은 것을 잃기도 했다.

2011년 제30회 스승의 날을 맞아 한국교총이 전국 유·초·중등 교원 1,773명을 대상으로 설문조사를 한 결과 "교육의 본질(올바른 교육)에 가장 가까운 것은 무엇인가"라는 질문에, "학생의 지덕체 (智德體) 함양"이라는 응답이 96.9%로 압도적으로 많이 나왔다.

그러나 안타깝게도 "학교 교육이 이런 교육의 본질에 충실하게 역할하고 있는가?"라는 질문에 동의하는 응답률은 50.7%에 불과했다. 대부분의 교원들이 지덕체를 겸비한 전인적인 교육이 가장 중요하다고 인식하고 있지만 불과 절반 가량의 학교만이 이런 목표를 향해 나가고 있다고 생각한 것이다.

이처럼 학교교육이 교육 본질의 역할과 기능을 충실히 수행치 못하는 가장 큰 요인에 대해 교원들은 '입시 위주, 성과 중심의 교육을 요구하는 사회분위기(50.1%)'를 첫 번째로 꼽고 있다.

이는 교원들이 교육의 본질인 지덕체(智德體) 함양 중 우리 교육이 지(智)에만 너무 치우쳐 예절, 도덕, 창의성, 미적 감각, 체육 등 덕(德)과 체(體)를 기르는 데 소홀히 하고 있다는 자성의 목소리이기도 하다.

그리고 이런 자성의 목소리는 아이들을 대하는 우리들의 태도도 되돌아보게 만든다. 실제로 우리 아이들이 성적표를 받아올 때 부모들은 국어, 영어, 수학 과목의 점수에 신경을 곤두세운다. 하지만 도덕, 음악, 미술, 체육 점수에 큰 관심을 가진 부모는 그리 많지 않은 것이 현실이다.

유치원 시절부터 영어를 가르치고 초등학생 때부터 중요 과목에 대한 선행학습 사교육비로 가계에 큰 부담을 느끼지만 '자녀 미래에 대한 당연한 투자'로 여기는 것이 요즘의 분위기다.

자녀가 커갈수록 음악과 미술, 체육 활동에 투자하는 교육비는 줄이는 것이 당연하다고 인식된다. 어른과 부모가 학생과 자녀에게 인생에서 무엇이 중요하고, 어떤 사람이 되어야 하는가를 일깨워 주기 보다는 어떤 대학을 나오고, 무슨 직업을 갖는 것이 더 중요하다고 강요하는 시대가 된 것 같아 안타깝다.

자신의 언행으로 마음의 상처를 입은 상대방에게 미안함을 느끼고 금세 반성하는 감수성(感受性) 많은 감수성(城)의 왕과 신하들처럼 우리 아이들도 그렇게 자랐으면 하는 바람, 또 공부만 잘 하는 아이들이 아니라 지덕체와 섬세한 감성을 모두 지닌 아이들로 자랐으면 하는 바람이 더욱 간절하게 생겨나는 요즘의 세태다.

급격한 사회발전과 함께 물신주의(物神主義)적 가치관으로 인해 사회병리 현상은 심화되어 가고 있으며, 이는 큰 사회적 문제로까지 비화하고 있다. 최근 이같은 문제를 해결하기 위한 우리 교육의 가장 중요한 핵심축으로 체육과 인성의 가치가 부상하고 있다.

지난 2012년 학교체육진흥법의 제정에 이어 2014년 인성교육진흥법의 제정 등 종전의 지식위주 교육에서, 덕을 함양하고 체를 수양하여 체·덕·지가 조화로운 사회적 인재를 길러내는 교육 패러다임 전환이 서서히 진전되고 있는 것이다.

특히 학교체육은 단순히 체력증진 뿐만 아니라 인내와 절제, 규칙의 존중, 타인에 대한 배려, 협동의 가치 함양 등 학생들의 전인적 발달에 긍정적인 영향을 준다는 인식이 보편화되면서 국가 정책적으로도 체육활동의 범교과적 접목, 특히 인성가치와의 접목을 위한 노력이 이어지고 있다. 체육은 이처럼 학생들의 전인적 성장을 유도하고 인성을 확립시키는 데 더욱 중요한 역할을 담당하여야 할 당위성이 있는 것이다.

서울 혜화여자고등학교의 플로어볼 동아리는 이런 체육활동의 필요성을 보여주는 대표적인 사례라고 할 수 있다. 창단한 지 5년밖에 안된 학교내 동아리가 주목받는 이유를 들여다볼 필요가 있는 것이다.

혜화여고 플로어볼 동아리는 지난 2013년 10월 전국체전에 서울 대표로 참가해 우승이라는 값진 결과를 일궈냈다. 더구나 그 시작이 전문 체육부가 아니라 0교시 체육활동이었기 때문에 그 의미가 더욱 크게 다가왔다.

혜화여고에는 이처럼 0교시 체육활동을 하는 동아리가 7개나 된다. 물론 전문 클럽 수준은 아니지만 저마다 즐겁게 동아리 활동에 참여하고 있는 것이다.

0교시 체육활동은 2005년 미국 일리노이 주에 있는 네이퍼빌 고등학교에서 시작되었다. 체육교사인 필 롤러는 학생들의 체력이 날로 나빠지는 이유를 찾다가 운동량이 적은 것은 물론 일상생활에서 움직이는 시간도 적다는 것을 발견했다.

그는 매일 아침 정규 수업 전에 학생들에게 심장박동 측정기를 달아 주고는 운동장을 달리게 했다. 그런데 아침에 달린 학생들이 전혀 달리지 않은 학생들보다 읽기 능력이 17퍼센트 가량 향상된 결과가 나왔다.

이후 필 롤러는 읽기 능력이 부족한 학생들을 대상으로 1년 동안 0교시 체육활동을 진행해 큰 성과를 거두었다. 체육활동을 한 후 학생들의 수업태도가 더 좋아졌고, 그 결과 읽기 능력과 함께 집중력, 기억력 등 모든 학습 능력이 향상된 것이다.

이러한 결과로 네이퍼빌 고등학교는 전교생을 대상으로 0교시 체육활동을 실시하였고, 학생들은 세계 학생들이 참가하는 학업성취도 평가인 팀스(TIMSS)에서 과학 1등, 수학 6등을 기록하는 성과를 이뤄냈다.

이는 체육활동이 학습에 도움이 된다는 점을 입증한 사례로 '네이퍼빌의 기적'으로 불리며 미국 전역으로 0교시 체육활동이 확산되는 계기가 되었다.

이처럼 체육 교육의 새로운 가치의 토대 위에 인성과 창의성을 갖춘 인재를 육성하는 인문적 체육교육 과정이 제시되기를 기대한다. 또한 체육수업 과정에서 인성 덕목의 실천적 사례를 공유하며, 인성의 가치가 내재된 체육수업을 위해 현장 교원들의 실천적 지식과 전문성에 기반한 좋은 방안이 마련되기를 기대한다.

청소년기에 넘치는 끼와 재주를 발산하지 못하고, 정신을 집중하는 수양을 통해 내면화된 인성교육을 제대로 받지 못한 학생들이 군 병영에서도 가해자로 피해를 주는 사례가 이어지고 있어 안타까움을 더하고 있다.

세월호 참사와 군 병영 사건 등에서 재삼 확인하였다시피, 학력 중심에서 인성 중심으로의 사회 구현은 더 이상 미룰 수 없는 국가의 중차대한 과제가 됐다. 이를 위해 한국교총과 인실련은 가정과 학교, 사회가 함께 실천하는 범국민 인성교육 실천 운동을 전개하고 있다.

한국교총이 지속적으로 제기해 온 '배움'과 '가르침'이 균형과 조화를 이루는 정책, 학력 중심에서 인성 중심으로의 교육 패러다임 전환, 기초 기본교육이 강화되는 교육본질 회복 등의 추진이 절실히 필요한 사회가 된 것이다.

자전거
타기

　실수를 좋아하는 사람은 없겠지만 나는 학교가 아이들이 실수를 통해 배울 수 있도록 조금 더 관용적이어야 한다고 생각한다. 실험을 장려하고 직접적인 체험을 강조하는 교육과정의 개발과 보급도 시급하게 서둘러야 할 과제다.

　이를 체계화하려면 생각보다 많은 시간이 학교에 주어져야 할 것이다. 지식보다 인성을 강조하는 새로운 학교문화가 필요한 것은 물론이다.

　실수를 통해 아이들은 배운다. 체험과 독서를 결합해 다양한 시도를 해본 아이들은 상상력을 길러 더 크고 넓은 바다로 나아갈 것이다.

그런 의미에서 '자전거 타기'와 관련된 글 한편을 소개하고자 한다. 실수를 가르치지 않는 학교의 문제점을 지적한 글이라고 할 수 있다.

당신의 실수로부터 배우라. 그리고 실수를 통해 경험을 쌓으라.

만약 당신이 누군가에게 자전거 타기를 가르쳐 주려고 할 경우에 당신은 그에게 책을 통해서 자전거 타기를 배우라고 할 것인가? 그에게 자전거 타기를 잘하기 위해 균형 잡는 법과 회전하고 출발 또는 정지하는 데 필요한 물리적 원리를 배우기 위해 강의를 듣도록 할 것인가? 아니면 그에게 몇 가지 요령을 가르친 후에 그를 자전거에 앉혀서 살짝 밀어줌으로써 그 스스로 타는 방법을 익히도록 할 것인가?

당신도 알다시피 자전거 타는 요령을 책이나 강의를 통해 익히도록 하는 것은 웃기는 일이다. 아무리 책을 많이 읽는다 한들 때로는 매우 아프기까지 한 실수들을 통해 자전거 타는 법을 배우는 것만 못하다.

물고기에게 땅 위에서 사는 것이 어떤 것인가를 알게 하려면 몇 년간 설명해주는 것보다 하루 정도 잠깐 땅 위에 있어보게 하는 것만 못하다. 어떤 의미에서 우리는 실수를 통해 배우도록 프로그램 되어 있다. 그러나 우리가 무엇을 배우는가는 우리의 반응에 달려 있다. 만약 어떤 아이가 손을 뜨거운 스토브 위에 올려놓을 경우 그는 다시는 그같은 행위를 해서는 안 된다는 것을 배우겠지만 그가 자동적으로 느끼게 되는 것은 어떤 스토브 위에도 손을 올려놓지 말라는 것임에 반해 나름대로의 분석 과정을 통해서만 차가운 스토브 위에는 손을 올려놓아도 괜찮다는 것을 알게 된다.

그런데 이 아이가 학교에 진학하고 난 다음에 실수에 대해서 무엇을 배우게 되는가? 많은 학교들은 실수를 저지르는 것에 대해서 벌을 내리고 그 결과 그 아이는 실수는 나쁜 것이고 실수는 곧 실패를 의미한다고 배우게 된다. 이러한 습관이 몸에 밴 결과 실제 생활에서 실수를 저질렀을 때 그 아이는 당연히 자신의 실수를 부인하고 책임을 회피하려 한다.

실수의 중요성을 이렇게 간명하게 그것도 학교 교육과 관련지어 설명한 글을 나는 이전에 본 적이 없다. 컴퓨터 운영시스템을 개발해 세계 최고의 회사 가운데 하나가 된 마이크로소프트(MS)를 창업한 빌 게이츠도 그의 전기 〈생각의 속도〉에서 이렇게 말했다.

"성공은 별로 좋은 스승이라고 할 수 없다. 성공은 똑똑한 사람에게 나는 실패하지 않는다는 착각을 심어준다. 성공에 자만하는 사람의 미래는 위험하다."

결국 실패의 중요성을 강조한 말인데 그는 성공의 핵심 요소로 실패를 견뎌내는 힘, 인내를 지목하는 데 주저하지 않았다.

이 모든 것이 인성교육의 중요성을 강조한 것이라고 해도 과언이 아니다. 그렇다면 이렇게 실패를 통해 배우는 아이들을 포기하지 않고 인내심을 갖도록 인도하는 사람은 누구인가?

바로 '선생님'이다. 빌 게이츠는 교사의 중요성을 이렇게 강조했다.

"기술은 단지 도구일 뿐이다. 아이들이 서로 협동하고, 동기를 갖도록 하는 데는 교사가 가장 중요하다."

빌 게이츠의 지적대로 기술조차도 올바른 인성교육의 바탕 위에 발전하는 것이다. 실제로 인성교육의 주체는 프로그램이 아니라는 것을 특히 유념해야 한다. 대부분의 인성교육이 그 근본이 되는 교사의 중요성을 간과한 채 그렇고 그런 프로그램을 학교에 주입하려는 방식으로는 실패하기 쉬운 것이다.

인성교육은 자전거를 타는 아이처럼 믿고 기회를 주면서 뒤를 돌봐주는 교사가 배경이 되는 교육이어야 한다. 프로그램이 아닌 사람이 주체라는 것을 잊지 말아야 한다는 뜻이다.

그런 측면에서 교사는 물론 부모와 함께 사회인, 위정자들 모두가 인성교육의 모델이 될 수 있는 것이다. 일부 정치인들이 사회로부터 비난받는 이유는 인성교육의 모범을 보여야할 사람들이 도덕적이지 못하고 부정부패한 모습을 보였기 때문일 것이다.

사람이 교육의 이념이자 방법이라고 이야기할 때 한국교총이 인성교육을 강력하게 주장하는 이유는 한국교총이 대한민국의 대표 교원단체로 자리매김하고 있기 때문이라고 할 수 있다.

다시 빌 게이츠의 이야기로 돌아올 차례다.

빌 게이츠는 자신의 경험을 통해 더욱 분명하고 뚜렷하게 실패를 이겨내는 인내심이 교육에서 얼마나 중요한 것인지 다시 한번 강조했다.

"나는 몇몇 과목의 시험에서 낙제를 받았다. 하지만 내 친구는 모든 과목의 시험을 통과했다. 지금 그 친구는 마이크로소프트의 엔지니어이고 나는 마이크로소프트의 오너다."

빌 게이츠는 자녀의 삶과 진로교육에서도 더욱 냉정한 태도를 유지했다.

"멜린다와 나는 부의 세습이 사회와 자녀 개인 모두에게 좋지 않다고 강하게 믿고 있다. 우리 아들이 스스로 성공하기를 바란다. 물론 내 아이들은 여러 이점을 누릴 수 있겠지만, 그들의 삶과 직업은 오로지 그들 자신에게 달려 있다."

빌 게이츠는 자녀들에게 각각 1,000만 달러씩만 물려준다고 확약했다. 그의 재산은 약 80조원에 이르는 데도 말이다.

"Technology is just a tool. In terms of getting the kids working together and motivating them, the teacher is the most important."

-Bill Gates

어느
경제학자의
경고

"가난에서 벗어나려면 복지보다 교육이 중요하다."

제임스 헤크먼 미국 시카고대학교 교수의 말이다. 그의 말을 더 들어보자.

"공교육에 대한 투자가 가장 효율적인 경제정책이다."

이쯤 되면 이 사람이 경제학자인지 교육학자인지 혼란스럽기까지 하다. 지금까지 교육은 경제 문제와 밀접한 관련을 가지기보다는 서로 물과 기름처럼 다른 분야로 인식되어 왔기 때문이다.

제임스 헤크먼 교수는 이런 우리의 편견에 돌을 던진다.

"2008년 금융위기 이후 전 세계에서 소득 불균형이 심화되고 있다. 점점 벌어지는 소득 격차를 해결하기 위해서는 단기적인 일자리 제공이나 복지 등 파편적인 지원책이 아니라 근본적인 해결책이 필요하다. 그것은 바로 '교육'에 대한 과감한 투자다."

지난 2011년 캐나다 토론토 페어몬트 로열요크 호텔에서 열린 '새로운 경제적 사고를 위한 연구소(INET)' 콘퍼런스 마지막날 세계적인 석학들은 교육의 중요성을 다시 한번 강조하고 나섰다.

이날 오후에 열린 '교육과 인간개발: 무엇이 문제인가(Education and human development: What are the questions?)' 세션에는 헤크먼 교수, 로저 벤저민 미국 교육원조위원회(CAE · The Council for Aid to Education) 회장, 아누라그 베하르 인도 프렘지대 부총장, 리처드 리브스 미국 브루킹스연구소 연구원 등이 참석해 사회적 불평등을 해소하기 위한 교육의 필요성을 놓고 열띤 토론을 벌였다.

헤크먼 교수는 미국의 사례를 언급하며 공교육 혜택을 받지 못하는 저소득 계층에 대한 교육의 중요성을 강조했다. 그는 "저소득층 아이들이 가난의 굴레를 벗어날 수 있게 어려서부터 제대로 교육받을 수 있는 권리를 보장해야 한다"며 "교육은 한 아이의 학업 성적뿐만 아니라 제대로 된 직업을 갖고 인생을 살아가야겠다는 마음을 먹게 하는 데 중요하다"고 설명했다.

이어서 그는 "교육은 인프라 등에 대한 투자나 복지혜택 강화보다 사회 불균형을 완화하는 데 더욱 효과적"이라고 강조했다.

리브스 연구원은 교육을 통해 하고 싶다는 '막연한 열정(vague

aspiration)'을 '행동하는 열정(active aspiration)'으로 바꿔야 한다고 조언했다. 리브스는 "공부를 열심히 하고 싶다는 것은 누구나 생각하지만 스스로 숙제하고 공부하는 시간을 늘리는 등 구체적 행동을 취하는 아이들은 부모의 교육 수준이 높다"며 "부모가 방법을 알려주지 못하는 것을 공교육을 통해 가르쳐야 한다"고 말했다.

베하르 부총장도 거들었다. 그는 "인도 학생들의 성적은 부모의 부와 밀접한 관련이 있는 것으로 나타났다"며 "공교육에 대한 투자를 통해 이같은 불평등을 해소해야 한다"고 설명했다.

벤저민 회장은 대학 졸업자 간 취업 기회가 불평등한 것도 교육으로 해결해야 한다고 주장했다.

그는 "단순히 명문대를 졸업했다고 해서 뽑는 것이 아니라 이들의 실무능력을 평가, 발전시킬 수 있는 시스템이 필요하다"고 강조했다.

이날 주제 발표를 한 제임스 헤크먼 미국 시카고대 경제학과 교수(73)는 교육 수준과 임금의 상관관계, 남녀 간 임금 차이의 원인 등을 밝혀 노동시장에 새로운 이론을 정립한 공로로 2000년 대니얼 맥패든 미국 캘리포니아주립 버클리대 교수와 함께 노벨 경제학상을 받은 인물이다.

헤크먼 교수는 1965년 콜로라도대 수학과를 졸업하고 프린스턴대에서 경제학 석사와 박사학위를 받았다. 컬럼비아대와 예일대에서 조교수로 일했고, 1973년부터 시카고대 경제학과 교수로 재직

중이다.

1983년엔 미국 경제학회에서 경제학 발전에 크게 기여한 40세 미만의 경제학자에게 2년마다 수여하는 '존 베이츠 클라크 메달'을 받았다. 300편이 넘는 논문과 저작을 발표했고, 주요 저서로는 '미국사회의 불평등', '노동시장 데이터의 시계열 분석' 등이 있다.

그런 그가 이날 우리에게 던진 메시지는 이런 것이다.

개인의 경제, 사회적 성공은 성실성, 창의성, 자제력 같은 인성에 크게 좌우한다. 따라서 성실성과 자제력, 소통능력과 같은 사람 사이의 교류에 관한 소프트 스킬 교육을 더욱 중시해야 한다. 끈기와 성실, 동기 등 비인지적 능력교육을 중시해야 한다는 말이다.

그리고 빈부간의 교육격차는 이미 3세부터 나타나기 때문에 3~4세 이전의 조기교육이 필요하다. 따라서 인성교육의 상당 부분이 전통적으로 가정에서 이뤄지기 때문에 한부모 가정이나 저소득층 가정의 영·유아 교육에 정부가 정책적으로 적극 개입해야 한다.

나는 헤크먼 교수의 경고를 꼼꼼하게 들여다보면서 한 사람의 운명을 가르는 인성교육의 중요성을 다시 한번 더 무거운 책임감으로 받아들이게 됐다.

인성교육을 강화해야 하는 이유는 이밖에도 더 많이 찾아볼 수 있을 것이다. 우리 아이들의 미래를 위험에 처하지 않게 하려면 더욱 그렇다.

우리는 인간답지 못한 행동에 대해 흔히 '짐승같다'고 비판하곤 한다. 인간이 짐승과 다른 점은 이성이 있고 자유 의지가 강하다는 점이다. 인간은 스스로의 판단에 의해 선이나 악을 행할 수 있고, 스스로의 행위에 도덕적 책임도 진다. 짐승과 달리 인간은 잘못된 행동에 수치심을 느껴 반성하고, 바로잡는 능력이 있다.

그러나 윤 모 일병 폭행사망 사건, 김해 여고생 집단폭행 사망 사건, 군부대 일반전초(GOP) 총기 난사 사건 등 잇따른 참극은 인간성 훼손의 심각성을 여지없이 드러내고 있다.

인간이 해서는 안 되는 일이 점차 늘어나는 사회는 미래가 없다. 수사를 통해 사건의 전말을 명확히 밝혀 일벌백계 해야겠지만 단발적 해결에만 치중해서는 심각해지는 사회악을 치유할 수 없다. 참담한 패륜 범죄의 근본적 원인은 우리 사회의 인성(人性) 부재 현상의 만연에 있다. 따라서 약화된 인성을 찾기 위해 다음과 같이 몇 가지 제안을 한다.

첫째, 인성교육범국민실천운동 전개가 절실하다. 2013년 2월, 한국교육개발원이 전국의 성인 남녀 2000명을 대상으로 한 '교육여론조사 2013' 결과, 각급 학교에서 현재보다 중시해야 할 교육 내용으로 '인성교육'을 1순위로 꼽았다.

이렇듯 누구나 인성교육의 중요성을 인정하지만 실천운동에는 소극적인 것이 사실이다. 한국교총 · 전경련 · 대한적십자사 · 대한어머니회중앙연합회 · 한국청소년연맹 등 282개 교육시민사회단체가 함께 만든 '(사)인성교육범국민실천연합'의 활발한 활동 전개와 많은 국민, 시민사회단체의 참여가 절실한 이유다.

둘째, 학력에서 인성 중심으로 교육의 패러다임을 바꿔야 한다. 학교를 다니지 않는 이른바 '학교 밖 청소년'이 최소 28만여 명에 달한다. 또 경찰청 통계에 따르면 4대 범죄를 저지르는 청소년이 2007년 2,113명에서 2011년 3,205명으로 크게 늘었다.

이처럼 미래 사회를 책임질 청소년들의 방황과 탈선은 우리 사회의 어두운 그림자다.

'똑바른 아이보다 똑똑한 아이를 요구한다', '모로 가도 서울만 가면 된다', '끝이 좋으면 모든 게 좋은 것이다'는 속담처럼 과정과 동기의 중요성은 무시되고 결과만 강조되기도 한다.

이런 사회의 모순에서 벗어나려면 학력 지상주의보다는 모든 교과에서 실천적인 인성교육이 우선시 되어야 한다. 박근혜 정부의 교육 분야 국정과제 역시 '창의 · 인성교육'에서 '인성 · 창의교육'으로 바뀌어야 한다.

셋째, 가정교육, 이른바 '밥상머리 교육'이 절실하다. 핵가족화와 바쁜 일상, 공주님과 왕자님으로 귀하게 자란 아이들은 참을성과 더불어 사는 지혜가 부족하고, 의무보다 권리를 내세우는 데 더 익숙하다. 특히 화를 참지 못해 돌발 행동을 하거나 친구를 괴롭히는 것에 대한 죄의식도 약하다.

따라서 학교만 학생교육을 책임질 게 아니라 인성교육의 출발은 가정교육에서 시작돼야 한다. 자녀교육의 1차적 책임은 가정에 있기 때문이다. 일본, 대만과 같이 가정·학교·지역사회가 학생교육에 공동으로 책임지게 하는 교육기본법 개정도 적극적으로 추진돼야 한다.

끝으로, '인성교육진흥법' 제정에 따른 범정부적인 관심과 지원을 기대한다. 지속적이면서 체계적인 인성교육을 위해서는 법적 안정성이 요구된다. 정의화 국회의장이 대표 발의한 '인성교육진흥법안'은 '인성교육'을 자신의 내면을 바르고 건전하게 가꾸고 타인·공동체·자연과 더불어 살아가는 데 필요한 인간다운 성품과 역량을 기르는 것을 목적으로 하는 교육으로 정의했다. 정기국회에서 만장일치로 통과시킨 최우선 민생 법안인 것이다.

실력과 인성을 동시에 갖춘 인재를 기르는 전인적인 교육을 위해
인성교육은 미래사회를 준비하는 가장 중요한 역량이다.

'배움'과 '가르침'이 균형과 조화를 이루는 정책,
학력 중심에서 인성 중심으로의 교육 패러다임 전환,
기초 기본교육이 강화되는 교육의 본질 회복이 절실한 시점이다.

Question 3

아이들의
미래
어떻게
준비할까?

다시
기본을
생각한다

Intro

오늘날 학교교육을 담당하는 교사들이 꼭 기억해야 할 질문이 있다면 그것은 무엇일까?

모든 질문이 그렇듯이 교사들의 호기심도 자신의 제자들이 미래를 어떻게 살아갈지 궁금해 한다는 점에서 출발한다. 그것은 불확실한 미래사회와 겹치면서 더욱 교사들의 상상력에 불을 지피기 마련이다.

나는 아이들의 미래를 궁금해 할 때마다 즐겨 찾아 읽어보곤 하는 문구가 있다. 그것은 독일의 문호 괴테(Johann Wolfgang von Goethe, 1749~1832)가 우리에게 남긴 덕담이기도 하다.

"만약 당신이 어떤 사람을 현재 있는 모습 그대로 대하면, 그는 현재의 모습에 그대로 머물러 있을 것입니다. 그러나 당신이 그를 당연히 그렇게 되어야 할 사람으로 대한다면 그는 더 크고 더 훌륭한 사람이 될 것입니다."

이것이 우리 아이들의 미래를 준비시키면서 꼭 기억해야 할 교육의 원칙이 되어야 한다고 나는 생각한다.

살아가다 보면 어려운 문제를 만나기 마련이다. 복잡하고 힘든 문제일수록 쉽게 풀어내는 방법은 있기 마련이다. 그것은 '기본으로 돌아가는 것'(Back to the Basics)이다.

아무리 기술이 발달하고 사회가 복잡다기해 진다고 해도 여전히 사람이 살아가는 사회이기 때문에 인문학적 관점에서 '기본'을 지키고 '원칙'을 지킨다면 풀리지 않을 문제는 없기 때문이다.

기본으로 돌아가 교사가 학교에서 던질 수 있는 질문은 이런 것들이 있을 수 있다.

T.I.P

"지금 바로 옆에 있는 한 사람을 제대로 사랑하는 방법은 무엇일까?"
"부자가 된 사람들의 비결은 무엇일까?"
"삶의 질을 획기적으로 개선시킨 위대한 발명품은 어떻게 탄생하게 된 것일까?"
"인류를 하나로 묶어내는 위대한 문학작품은 어떻게 탄생한 것일까?"
"좋아하는 사람과 오래도록 우정을 유지하는 방법은 무엇일까?"

이런 질문에서 자유로운 사람은 아무도 없을 것이다. 그럼에도 불구하고 정작 학교는 살아가는 데 필요한 이런 질문에 대한 답을 찾는 데는 소홀히 해 온 경향이 있다. 이것이 인성교육과 밀접한 관련이 있는 데도 말이다.

우리는 멀리 남태평양 어느 섬 인근 바다에서 사로 잡힌 싱싱한 생선을 바로 집 앞까지 배달해서 먹을 수도 있고 생명연장을 위해 장기를 이식하는 기술도 사용할 수 있지만, 인간관계 문제를 점검하고 해결해 줄 효과적인 방법을 찾는 일에 대해서는 쩔쩔매는 경향이 있다.

경제협력개발기구(OECD)는 미래 사회의 인재가 갖추어야 할 핵심역량으로 이런 '인간관계'를 발전시키는 데 필요한 스킬을 제시하고 있다. 그것은 이런 것이다.

먼저 언어와 숫자 같은 지적 도구를 자유자재로 쓸 수 있는 능력이 있어야 한다. 자신의 생각을 풀어내려면 사회적 약속인 언어의 규칙을 이해해야 하고 자연현상을 풀어서 보여줄 숫자에 대한 이해가 필수적이기 때문이다.

학교는 이런 기초적인 학습을 통해 '학력'을 신장시키는 데 관심을 가져야 할 것이다. 언어는 소통에 필요한 기본적인 도구이자 신호체계이기 때문이다.

다음으로 이질적인 집단 내에서 소통할 수 있는 능력을 꼽았다. 인간은 개미와 더불어 유일하게 서로 간에 전쟁을 하는 집단이기도 하다. 그만큼 소통을 등한시했다간 종족 자체의 보존이 어렵다는 뜻이다. 이를 잘 보여주는 것이 '바벨탑'에 얽힌 신화일 것이다.

자율적으로 행동할 수 있는 능력도 빼놓을 수 없다. 누가 시켜서 하는 것이 아니라 스스로 일을 해나가려면 자신이 하는 일에 확신이 있어야 하고 무엇보다 호기심을 느껴야 한다.

지적인 호기심과 탐구심은 인간의 성장과 진화를 위해 꼭 필요한 자질이라고 할 수 있다. '왜(Why)?' 라는 궁금함을 가지고 자연현상을 이해하려는 노력이 있었기 때문에 자연을 이용하고 자연에 순응하면서 종족을 번식시켜 올 수 있었기 때문이다. 이를 뒷받침하는 능력이 자신을 둘러싼 자연에 대해 끊임없이 도전하고 탐구하는 자세라고 할 것이다.

나는 경제협력개발기구(OECD)가 제시한 이런 미래인재의 핵심 역량이 '인성교육'의 지평을 넓히는 데 중요한 관점을 제공한다고 생각한다.

문제는 우리의 생각이다.

다른 사람과 어울리는 요령에 관해서라면 필요한 것은 이미 다 알고 있으니 굳이 뭘 더 배우지 않아도 된다는 생각 말이다.

하지만 다른 사람과 잘 지내기란, 혼자 힘으로 풀어 나갈 수 없는 어려운 일이다. 예컨대 자동차를 운전하는 기술이나 의사들이 뇌 수술하는 방법을 직관만으로 알아낼 수 없는 것과같은 이치다.

오늘날 대다수의 직장에서는 직원들 간의 인간관계에 심각한 반목이 생기는 것을 방지하기 위해 여러가지 제도와 절차들을 마련해 놓았다.

반면에 사람들은 여전히 자신들의 관계에 모범적인 실천 방법을 응용하거나 외부의 도움을 받아들이는 것을 주저하고 있다. 더 발전적인 관계를 만들고 유지하는 것에 대해 생각을 많이 그리고 끊임없이 하는 것만이 서로의 관계를 파탄으로 몰고 가지 않는 유일한 방법인데도 사람들은 실천적인 방법으로 문제를 해결하는 것을 귀찮아 하는 경향이 있다.

우리는 이런 귀찮음을 적극적인 실천으로 바꿔나가는 데 필요한 기술과 열정을 '학교'라는 공간에서 더 지혜롭게 가르칠 필요가 있다. 그것이 인성교육이다.

그동안 우리는 학교에서 점수를 높이기 위한 방법에만 몰입해 왔지, 지금 바로 옆에 있는 한 사람을 사랑하는 방법에 대해서는 진지하게 가르치지 않았다.

우리에게 맨 처음으로 사랑을 준 사람들이 어떠했는지 생각해보면 쉽게 해답이 나온다. 우리 부모님들은 자신들이 그 사랑을 지속하기 위해 얼마나 많은 노력을 쏟고 있는지 말해준 적이 없고, 우리에게 사랑을 베풀면서도 우리가 그대로 되갚아주길 요구하지도 않았다.

또한 자신들의 약점과 걱정, 욕구를 드러내는 일도 드물었다. 그리고 연인으로서의 행동보다는 부모로서의 행동을 더 훌륭히 해냈다.

지금 바로 옆에 있는 사람을 사랑하는 방법을 배우고 싶다면, 부모님이 우리를 사랑하는 데 무엇을 감수했는지, 다시 말해 얼마나 큰 노력을 쏟았는지를 생각해 보면 된다. 그것이 학교에서 감당해야 할 올바른 인성교육의 하나가 될 것이다.

학교에서 인성교육을 해야 할 이유는 세계를 이끌어가는 기업들이 필요로 하는 인재상을 살펴보아도 충분히 알 수 있다. 위대한 기업의 하나로 불리는 오랜 전통의 'GE'가 설정한 21세기형 리더의 조건을 들여다보자.

첫 번째 조건은 Big Thinker, 크게 생각하는 사람이다. 숲을 볼 줄 알아야 한다는 것이다. 그것은 더 큰 원칙을 통해 보다 가치있는 생산을 가능하게 한다.

두 번째 조건은 Developer of Self and Others, 자신과 타인을 함께 계발하는 사람을 일컫는다. 위대한 리더는 다른 사람의 성장을 도움으로써 전체의 이익을 극대화하고 그것을 통해 자신의 존재감을 드러내는 사람이란 뜻이다.

세 번째 조건은 Globalist, 글로벌 인재를 말한다. 화석연료의 사용으로 지구 온난화가 급속도로 진행되면서 전 세계는 기후이상으로 몸살을 앓고 있다. 지난 한 세기 급속한 산업화의 후유증으로 지구가 몸살을 앓고 있는 것이다. 위대한 리더는 이런 전지구적인 문제에 관심을 가지면서 생태적으로 지속가능한 사회를 만드는 데 정성을 기울여야 한다.

네 번째 조건은 Listener, 잘 듣는 사람을 가리킨다. 소통의 기본 원칙은 잘 들어주는 것이다. 내 생각을 일방적으로 전달하는 것이 아니라 다른 사람의 의견을 들어주고 존중하는 태도를 유지할 때 권위가 만들어지고 리더십도 생기기 때문이다. 여러 사람의 집단지성을 활용하면 해결책을 찾기도 더욱 쉬워지는 법이다.

다섯 번째 조건은 Communicator, 즉 소통을 잘하는 사람이 되는 것이다. 원활한 소통은 상대를 이해하고 배려하며 낮은 자세를 유지할 때 가능하다. 다른 사람의 생각을 이해하고 그것을 하나의 단어로 받아들여 문제 상황을 정확히 인식하고 해결책을 제시하는 설득 능력이 관건이다.

마지막 조건은 Networker, 네트워킹을 잘 하는 사람이다. 쉽게 말해 친구가 많은 사람을 의미한다. 서로 다른 조건의 이해관계를 살펴 부족한 곳으로 넘치는 자원을 배분하고 반대로 넘치는 곳에 새로운 미래를 제시하는 능력이 있어야 한다는 것이다.

이것이 미래사회를 준비하는 기본기라고 할 수 있다. 인성교육을 강조하면서 다시 기본기를 강조하는 것은 미래사회는 예측하는 것이 아니라 우리가 만들어가는 것이기 때문이다.

목표의
중요성

"아이들은 하얀 도화지와 같아서 어른이 그려주는 대로 자란다."

독일의 문호 '괴테'가 한 말이다. 한 사람을 길러내는 데 목표의식을 가지게 하는 것이 얼마나 중요한지 이처럼 중요한 지적은 없을 것이다. 교육은 곧 사람을 그려내는 것, 다시 말해 삶을 디자인하는 것이기 때문이다.

이처럼 아이들의 꿈을 디자인하고 비전을 찾게 해주려는 움직임은 인성교육을 위한 아주 중요한 시도라고 할 수 있다. 적지 않은 초중고교에서 꿈을 찾아주려는 노력의 일환으로 이런 비전 만들기 행사를 종종 시도하는 것을 볼 수 있다.

경기도 안양시 귀인초등학교의 입학식은 이런 '비전 세우기'의 중요성을 제대로 알고 기획된 행사라고 볼 수 있다.

귀인초등학교는 남다른 입학식을 진행하는 것으로 유명하다. 2일 입학식을 시작으로 9일까지 7일 동안, 학생 및 전 교직원이 자신의 비전을 설정하고 선포하는 '비전선포 주간'을 최초로 시도해 호응을 얻고 있는 것이다.

교과 및 창의적 체험활동, 진로활동 중심으로 이뤄진 입학행사에서 학생들은 불리고 싶은 별명 짓기, 진로관련 영상물 시청, 비전 명함 만들기, 타일에 내 꿈 그리기, 진로교육 초청 강연회 등 각기 다른 활동으로 자신의 비전을 설정하고 다짐하는 시간을 가진 뒤 7일째 되는 9일, 전교생이 비전 선언문을 만들어 비전선언을 하는 방식으로 아이들에게 목표의식을 심어준다.

앞서 교직원들은 '행복한 학교를 만들기 위한 소통'이라는 주제로 2월24일부터 25일까지 비전교육 연수 4시간, 3월2일부터 3일까지 학교경영전략 수립 1박2일 워크숍을 갖고, 프로그램을 성공적으로 운영하기 위한 준비를 착실히 다져왔다.

새로운 학년을 시작하면서 학생들에게 목표의 중요성을 강조하는 이런 프로그램을 교사들이 주도해 만들어나가는 것은 매우 바람직한 일이다.

이런 교육활동이 미래학교를 경영하는 인성교육의 좋은 사례로 기억되어야 할 이유를 사회에서 한번 더 찾아보기로 하자. 경영의 그루로 불리는 피터 드러커의 이야기다.

그가 중학교를 졸업한지 40년이 지나 동창회를 찾았다. 그런데 40년 만에 만난 동창들 중 같은 반에서 공부한 상당수가 의사와 변호사 등 비교적 생활이 윤택한 전문 직종에 진출해 안락한 삶을 살고 있었다.

같은 시기 다른 반에서 공부한 동창들보다 눈에 띄게 두드러진 결과였다. 그 원인은 멀지 않은 곳에 있었다. 당시 피터 드러커를 지도한 담임교사가 같은 반 학생들을 대상으로 늘 '목표'의 중요성을 강조하고 그것을 기록하도록 지도했기 때문이었다. 그 담임교사는 나이 40살이 되어서 무엇을 할 것인가를 늘 기록하도록 강조했다는 것이다.

결국 인생에서 성공한 사람들은 미래(나이 40살 무렵)에 대한 꿈과 희망을 잃지 않는 삶의 태도를 가진 사람들이라는 것이다. 더 중요한 것은 그 꿈을 이루기 위해서는 구체적으로 명문화해서 남겨두어야 하며, 성공하는 사람들은 이를 기반으로 매일 실천하는 습관을 가지고 있다는 결론에 도달하게 된다.

피터 드러커의 이런 경험은 미국의 명문 대학들이 수행한 연구 결과('Aging Well')에서도 그대로 드러난다.

미국의 예일대학은 1953년, 졸업을 앞둔 4학년 학생들을 대상으로 목표 설정에 대한 질문을 했다. 응답자의 87%는 목표 설정을 아예 하지 않았다고 답했다. 10%는 대략적이나마 목표를 세우려는 노력을 약간 했다고 응답했다. 반면에 행동계획과 목표설정 기준을 직접 종이에 적어가며 생각해 보았다고 답한 사람은 불과 3%에 불과했다.

예일대학은 이들 학생들이 20년 후 어떻게 살고 있는지 면밀하게 추적 조사했다. 결과는 놀라운 것이었다. 직업이나 재정상태 등 모든 측면에서 앞서 목표를 설정한 3%의 학생들이 다른 97%의 학생들을 모두 합한 것보다 훨씬 더 놀라운 발전을 이룬 것을 확인한 것이다.

하버드 대학이 1979년에 하버드 경영대학원 졸업생 들을 상대로 한 설문조사도 이와 비슷한 결과를 보여준다. 하버드는 세 가지 질문을 졸업생들에게 던졌는 데 다음과 같은 것이었다.

T.I.P

1. 장래에 대한 명확한 목표를 설정했는가?
2. 그렇다면 그 목표를 기록해 두었는가?
3. 그 목표를 달성하기 위한 구체적인 행동계획이 있는가?

특별한 목표가 없다는 A그룹은 84%, 목표는 있지만 그것을 종이에 적어두지는 않았다는 B그룹은 13%, 목표를 구체적으로 설정하고 기록해두었다는 C그룹은 3%에 불과했다.

예일대와 마찬가지로 하버드의 연구진도 10년 후인 1989년, 그 졸업생들을 추적해 어떻게 살고 있는지 확인해보았다. 결과는 다음과 같이 나타났다.

B그룹이 A그룹에 비해 소득이 평균 2배 이상 높았다. 또한 C그룹은 B그룹에 비해 소득이 10배 이상 높았다.

자녀들이 인생에서 성공적인 삶을 살기를 바란다면 깊이 마음 속에 새겨야 할 연구 결과인 셈이다. 그런 의미에서 성공한 '누군가의 꿈'을 들여다보는 것은 의미있는 일이다. 그들은 이렇게 하나의 문장으로 설명이 가능한 아주 단순한 꿈을 평생 가슴에 안고 살았다.

T.I.P

헨리 포드 – 모든 사람은 내가 만든 차를 몰 것이다.(Everyone will drive a car.)

존 F. 케네디 – 10년 내에 인간을 달에 올려놓고, 또 그를 무사히 귀환시킨다.(Put a man on the moon and bring him back safely by the end of the decade.)

빌 게이츠 – 모든 책상 위에 한 대의 컴퓨터를, 모든 컴퓨터에 MS 소프트웨어를!(A computer on every desk with Microsoft software on every computer.)

기업도 사람과 다르지 않다. '꿈이 있는 기업'과 그렇지 못한 기업은 사회적 가치와 평가가 다를 수 밖에 없다.

T.I.P

세브란스 병원 – 하나님의 사랑으로 인류를 질병으로부터 자유롭게 한다.

나이키 – 경쟁, 승리감, 경쟁자를 압도하는 경험을 맛보게 한다.

3M – 풀리지 않은 문제들을 혁신적으로 해결한다.

월트 디즈니 – 사람들을 행복하게 한다.

메리 케이 화장품 – 여성들에게 무한한 기회를 제공한다.

이제 꿈이 있는 사람과 그렇지 못한 사람의 인생살이를 들여다 볼 차례다. 대한민국 피겨 스케이팅의 여왕 김연아의 이야기다.

T.I.P

"할 수 있는 건 다 했다. 앞으로는 그동안 해보고 싶었던 다양한 연기를 펼치고 싶다."

김연아가 지난 2010년 10월 2일과 3일 LA의 스테이플스 센터에서 열린 '2010 올댓 스케이트 LA'를 앞두고 가진 기자회견에서 한 말이다. 이날 회견에는 미국의 ABC, CBS, NBC 등 주요 공중파 방송은 물론 LA 지역의 방송사와 언론사 등 100여 명이 넘는 취재진들이 몰려 김연아와 미셸 콴에 대한 인기를 실감케 했다.

그녀는 또 "세계선수권 제패, 올림픽 금메달 등 선수로서 해볼 수 있는 것은 다 해봤다"면서 "앞으로는 보다 편안한 마음으로 지금까지 해보지 못했지만 해보고 싶었던 다양한 연기에 도전할 작정"이라고 포부를 밝혔다.

함께 올댓 스케이트 LA에서 연기를 펼친 미셸 콴에 대해서도 김연아는 "지금까지 두 차례 아이스쇼에서 함께 연기를 펼쳐 호흡이 잘 맞는 파트너"라면서 "이번이 그녀의 홈타운에서 벌어지는 첫 아이스쇼여서 부담이 되긴 했지만 스테이플스 센터에서 한번 뛰어본 경험이 있어 크게 힘들지는 않은 것 같다"고 말했다.

7살짜리 소녀 김연아는 꼭 10살 연상의 미셸 콴에 푹 빠져 살아왔다. 그녀의 롤모델이었기 때문이다.

김연아가 소속된 올댓스포츠의 한 관계자는 이렇게 말한다.

"김연아가 어렸을 때 미셸 콴이 나가노 올림픽에서 연기하는 모습을 보고 안무 동작을 다 외울 정도로 크게 감동을 받았다고 한다. 과거에는 미셸 콴이 김연아의 우상이었지만 지금은 서로가 어깨를 나란히 하는 챔피언이라는 느낌을 나타낼 것이다."

미셸 콴은 올림픽과 인연이 없었다. 나가노에서 동메달을 땄지만 사실 그녀는 피겨계의 여왕이었다. 세계대회 3연패라는 불멸의 기록을 안고 있었던 것이다. 그런 미셸 콴을 동경하고 롤 모델로 생각하며 자란 어린 소녀는 어느새 피겨계의 그랜드 슬램을 달성하고 목표치마저 넘어섰다. 그런 김연아의 입에서 나온 말이 "이제 즐기겠다"는 것이다.

이날 공연에서 김연아는 어릴 적 자신의 우상이던 미셸 콴과 함께 듀엣 갈라 프로그램을 선보였다. 사진에서 보는 바로 그 장면인데 배경 음악은 가수 머라이어 캐리가 부른 'Hero'였다. 2010 밴쿠버 동계올림픽 당시 선보였던 갈라 프로그램 '타이스의 명상곡' 외에 새로운 갈라 프로그램 '블릿프루프(Bulletproof)'가 함께 소개되는 감동의 무대를 선보인 것이다.

경기가 아닌 즐기는 무대 그리고 우상이던 자신의 목표를 뛰어넘어 함께 만드는 무대는 진정한 월드 챔피언의 자리가 어떤 것인지를 우리에게 가르쳐 준다.

김연아의 성공 스토리는 성장기의 아이들에게 '목표'는 이렇게 소중한 것이며 김연아의 사례처럼 롤 모델(미셸 콴)을 가지고 목표 관리를 해나가는 것이 얼마나 좋은 교육방법인지 알려준다.

김연아가 이날 이야기한 핵심 키워드는 논어에 나오는 구절을 연상하게 한다. "아는 자는 좋아하는 자만 못하고 좋아하는 자는 즐기는 자만 못하다"(知之者不如好之者 好之者不如樂之者)가 바로 그것이다.

근검

　리처드 라이트(Richard.J.Light)는 미국 하버드대학교 교육학과 교수다. 그가 2011년 펴낸 〈하버드 수재 1600명의 공부법〉에는 재미있는 연구 결과가 담겨있다. 이른바 공부 잘하는 방법이다. 그것도 세계에서 공부를 가장 잘하는 학생들이 모였다는 하버드대 재학생들을 상대로 관찰한 결과여서 세간의 화제가 됐다. 공부 잘하는 학생들의 생활방식과 공부법을 수치화시킨 근거로 설명했는데 특히 눈길을 끈 것은 '시간관리' 부분이었다.

　리처드 라이트 교수는 대학생활을 성공적으로 보낸 학생들과 그렇지 못한 학생들을 인터뷰해, 둘 사이에 어떤 차이가 있는지 밝혀냈다.

먼저 1학년을 성공적으로 보낸 학생들의 경우 '시간'이라는 단어를 자주 언급했다고 한다. 반대로 그렇지 못한 학생들은 힌트를 주었음에도 그 단어를 말하지 못했다고 한다. 공부를 잘한다는 것은 결국 시간 관리를 잘해 자신의 성장에 도움이 되도록 시간을 유리하게 사용한다는 것을 의미한다. 이것이 습관화되어 있는 것이다. 시간을 잘 사용하기 위해 '절제'의 태도가 필요한 것은 물론이다.

두 번째 특징은 공부 잘하는 학생들의 '글쓰기' 경험이었다. 글쓰기가 대부분 학생들의 학문 생활과 학문적 성공에서 중대한 역할을 하고 있다는 결론이 나온 것이다.

리처드 라이트 교수는 매 수업이 끝날 때마다 '오늘 내가 배운 것이 무엇인지' 스스로에게 물어보고, 그것을 글로 적어보는 훈련을 하라고 조언한다. 그것이 공부의 즐거움이고 공부 잘하는 방법인 것이다. 만일 여기에 답할 수 없다면 공부를 잘 할 수 없다는 것이다.

세 번째 특징은 특히 놀라웠다. '인간관계' 다시 말해 소통능력이 학습 효과를 올리는 데 결정적인 작용을 한 것이다. 방에 틀어박혀 혼자 공부하는 것보다 친구들과 어울려 매주 20시간 이상을 과외활동으로 보내고, 지도 교수와 함께 토론하며 소논문을 작성하는 교육활동을 하는 것이 매우 높은 학업성취로 이어진 것이다.

이렇듯 공부의 즐거움은 함께 공부하는 '친구'를 만나는 것이다. 같은 뜻을 지닌 친구들과 늘 호기심을 가지고 토론하면서 공부하다 보면 함께 성장할 수 있다는 것이다. 학교에서 좋은 친구들과 멋진 인간관계를 맺으면서 행복한 공부를 해야 성적이 오르는 것이다.

리처드 라이트 교수의 관찰은 소위 '공부를 잘하고 싶은 학생'들에게 적지 않은 시사점을 준다. 결국 우수한 학업성적도 시간을 잘 관리하고 매일 글쓰는 습관을 들이며, 친구들과 사이좋게 지내면서 의사소통을 원활히 하는 '태도'와 밀접한 관련이 있다는 것이 증명된 셈이다. 이것이 21세기 미래 학교에서 꼭 갖춰야 할 인성교육인 것이다. 아이들의 미래와 관련해 우리가 꼭 기억해야 할 태도는 다산 정약용 선생님이 1802년 유배지인 전라남도 강진에서 두 아들에게 보낸 편지에서도 찾아볼 수 있다.

"역적으로 몰려 물려줄 것이 없다"며 두 글자를 유산으로 남긴다고 한 것이다. 편지 속에는 '근검(勤儉)'이라는 두 글자가 담겨 있다. 근(勤)은 말 그대로 부지런함이다. 공부를 잘하려면 공부하는 시간을 늘려야 한다. 이것이 근(勤)인 것이다.

반대로 공부하는 데 방해가 되는 시간을 줄여야 한다. 이것이 검(儉)이다. 말 그대로 아끼고 절제하는 것이다.

다산 선생님이 말하는 '부지런함'이란 이런 것이다.

"오늘 할 일을 내일로 미루지 말고, 아침에 할 일을 저녁으로 미루지 말라. 맑은 날에 해야 할 일을 비오는 날까지 끌지 말고, 비 오는 날 해야 할 일을 맑은 날까지 끌지 말아야 한다."

이쯤되면 공부 잘하는 아이들의 생활습관에 대한 궁금증을 해소할 수 있다. 공부 잘하는 아이는 학교에서 오늘 배운 것을 내일로 미루지 않고, 모르는 것은 반드시 교사에게 물어 그 날 소화하는 습관을 가지고 있는 것이다.

이렇듯 공부를 잘 한다는 것은 시간을 잘 관리하는 '생활습관'과 밀접한 관련이 있는 것이다. 이것은 부자가 되는 방법과 크게 다르지 않다. 부자가 되려면 돈을 열심히 벌고 허투루 쓰지 않아야 하는 것이다.

근검한 태도가 실제로 부자를 만드는 데 가장 중요한 덕목이라는 사실은 한국부자학회가 지난 2010년 연구해 발표한 자료에도 분명하게 나타난다.

세계적인 부자들의 성공 비결을 분석한 결과, 100명 가운데 60명은 '장사'를 통해 부를 일구었는 데 한결같이 근검한 태도를 우선으로 꼽았다고 한다.

홍콩 출신의 화상(華商)으로 가장 큰 부자 가운데 한 사람으로 손꼽히는 청쿵그룹 리카싱 회장의 경우 "자신의 모든 부는 절약하는 태도에서 나온 것"이란 말을 하는 데 주저하지 않는다.

실제로 그처럼 '절약'을 통해 부자가 됐다고 말한 사람은 100명의 부자 가운데 30명이나 됐다. 출생과 결혼, 행운 등 타고난 요인에 의해 부자가 된 6명을 제외하면 대부분 근검한 태도가 부자라는 행운을 만들어주었다는 것을 쉽게 알 수 있다.

근검한 태도와 인성이 사람의 운명을 바꾸는 가장 중요한 덕목이라고 할 수 있는 것이다.

지난 2012년 삼성의 인사팀장(부사장)을 역임하고, 지금은 삼성 카드 사장으로 근무 중인 원기찬 사장도 이렇게 인성을 강조하는 강연으로 화제가 된 사람이다.

삼성이 원하는 인재상을 그는 한 마디로 "보이는 것이 전부가 아닌 사람"으로 묘사해 화제가 됐다. 그것은 이런 것이다.

"스펙이 아닌 기본기와 판단력이 뛰어난 사람이어야 한다. 매력적인 인재는 내가 하고 싶은 분야를 가지고 있는 사람이다. 이런 인재는 자신이 좋아하는 분야에 대해 넓고 깊은 기본기를 가진 사람일 확률이 높다."

그의 충고는 계속 됐다.

"길은 누가 찾아주거나 가르쳐주는 것이 아니라 스스로 찾아나가는 것이란 생각을 지녀야 한다. 속도가 아니라 방향이 중요한 시대를 맞아 한쪽으로 치우치지 않는 판단력이 가장 중요하다. 따라서 긍정적인 생각으로 늘 주인의식을 가져야 한다."

가는 곳마다 주인이 되고 서는 곳마다 참되게 한다는 뜻을 지닌 '수처작주 입처개진'(隨處作主 立處皆眞)의 자세로 살아야 한다는 뜻이 담겨있는 것이다. 이렇듯 세계적인 기업들은 인성이 바로 된 진정한 인재를 원하고 있는 것이다.

기업이 원하는 인재를 적시에 배출하려면 학교교육도 인성교육에 더욱 관심을 가져야 한다. 그것이 아이들의 미래를 도와주는 가장 확실한 방법이라고 할 수 있다.

창의

2000년대 초반 한국의 삼성전자와 현대기아자동차가 전 세계 시장에서 일본 제품을 누르고 승승장구 할 때 언론은 '패스트 팔로어(fast follower)' 전략이 승리를 하고 있다고 흥분을 감추지 못했다.

시대의 유행을 선도해 온 미국의 애플이나 일본의 도요타 자동차가 트렌드 세터(trend setter)로서 새로운 분야를 개척해 놓으면 이를 벤치마크 해 1위 기업보다 더 개선된 제품을 싼 가격으로 내놓는 식으로 성공하는 전략이 먹혀들었기 때문이다.

하지만 성공의 뒤안길에 불안함이 찾아오는 것은 어찌보면 당연한 것이다. 중국의 샤오미와 화웨이 등 토종 기업들이 한국 기업들의 성공 전략을 좇으면서 추월당할 처지에 놓인 것이다. 패스트 팔로어 전략으로 성공한 경험을 그대로 중국 기업에게 내주어야 할 처지에서 가격은 중국 기업에 밀리고 제품의 디자인과 기술은 미국이나 일본 기업에게 밀리는 샌드위치 현상을 걱정하는 소리가 요즘 들어 부쩍 언론지면을 가득 채우고 있는 실정이다.

이런 어려움을 헤쳐 나가려면 남의 제품을 베끼는 전략에서 벗어나 자기만의 방식으로 디자인을 혁신하고 새로운 기술을 선보여야 한다.

이것이 바로 '퍼스트 무버(first mover)' 전략이다. 퍼스트 무버가 되기 위해서는 스티브 잡스가 이야기했듯이 늘 '다르게 생각하기(different thinking)'의 달인이 되어야 한다.

1970년대 일본의 기업이 패스트 팔로어 전략에서 성공한 뒤 1990년대에 퍼스트 무버로 전환한 성공전략을 뒤따라야 하는 것이다. 이 시절 일본의 퍼스트 무버 전략을 가장 잘 보여주는 제품이 휴대용 음향기기인 '워크맨'이다.

우리도 마찬가지다. 1990년대 이후 승승장구하던 패스트 팔로어 전략에서 벗어나 우리만의 방식으로 세계 시장을 선도할 제품을 내놓아야 한다. 방법이 있는 것일까?

창의성(Creativity)이 그 해답을 열어줄 것이다. 학교교육도 마찬가지다. 창의적인 제품이나 서비스를 개발해 불확실한 미래를 선도해 나갈 창의적인 인재를 길러야 하는 것이다.

나는 이런 창의적인 인재를 길러내는 것이 '인성교육'의 중요한 영역 가운데 하나라고 믿고 있다.

학교 교육과정에서 학습자의 인성을 함양하고 창의성을 신장하는 것은 미래학교에서 가장 중요하게 고민해야 할 영역이기도 하다. 그렇다면 창의성은 어떻게 길러지는 것일까?

스티브 잡스의 말을 살펴보는 것만으로도 창의성의 개념을 쉽게 이해할 수 있다. 창의적인 사람은 "경험을 연결시켜 새로운 것을 창조해 낸다"고 말한 것이다.

T.I.P

"Creative people…
They were able to connect experiences
They've had…
And synthesize new things."

-Steve Jobs- Wired, February, 1995

잡스의 표현대로, 창의성은 다양한 경험을 마다하지 않는 도전적인 자세로부터 출발한다고 보아야 한다. 나는 그것을 새로운 세계를 찾아 떠나는 '탐험가'의 정신에서 찾고 싶다.

여행(journey)의 어원이 된 것은 하루(jour)라는 뜻을 지닌 프랑스 단어에서 시작됐다. 매일매일 새로운 경험을 하는 날, 그것을 프랑스어에서는 'jour'라고 부른다. 프랑스에서는 시골 소녀들이 강가에 나가 항아리에 물을 길어오는 데 꼬박 하루가 걸렸다고 한다.

그때 새로운 물을 담아오는 항아리를 'jour'라고 불렀다. 이 항아리가 하루(day)를 뜻하는 프랑스 단어가 된 것이다. 여기에 담아온 물을 'journal'이라고 불렀으니 매일매일 새로운 경험을 통해 하루를 만들어가는 사람을 'journalist'라고 부르게 된 것이다. 결국 저널리스트(journalist)는 매일 새로운 경험을 하고 그것을 글로 기록하는 사람이라고 할 수 있다.

또 매일 새로운 경험을 통해 즐거움을 맛보는 사람에게 'bon jour'라는 말을 건네게 된 것이 하루의 시작과 끝에서 주고받는 인사말이 된 것이다.

인생은 이렇게 재미있는 시간의 연속이어야 한다. 그래서 인간은 여행(journey)을 떠나고 그런 탐험가(explorer)가 새로운 땅을 발견하고 보고하면서 영역을 넓히고 신세계를 발견하면서 진화하고 성장해 온 것이다. 심지어는 달나라에 위대한 발자국을 남기고 미국의 톰보 박사처럼 죽어서도 탐사선에 실려 명왕성을 찾아가는 것이 아닌가?

호기심을 찾아 떠나는 여행을 위해서는 경험을 연결하는 노력이 필요하다. 그것은 삶의 종착지와도 같은 것이다. 〈사기〉를 지은 사마천은 인생을 정의하면서 "죽음을 대하는 태도가 좋은 삶과 그렇지 않은 삶을 가른다"고 말했다.

"어느 사람의 죽음은 깃털처럼 가볍지만 어떤 사람의 죽음은 태

산처럼 무겁다"면서 의미있는 삶을 살려면 다음과 같이 세가지 삶의 태도를 지켜야 한다고 말했다.

우선 책을 많이 읽어야 한다.(讀萬券書) 그리고 여행을 많이 다녀야 한다.(行萬里路) 마지막으로 잊지 말아야 할 것은 사람을 많이 사귀어야 한다(交萬人友)는 것이다.

여기서 사마천이 지적한 '책과 길, 친구'가 스티브 잡스가 말한 '경험'(experiences)을 지칭하는 것이라고 할 수 있다. 이런 경험을 자신의 철학과 관점, 즉 죽음을 대하는 태도에 따라 연결하는(connect) 힘이 필요한 것인데, 구체적으로 세가지 행위가 해당된다고 볼 수 있다. 그것은 '읽고(reading), 걷고(walking), 관계맺기(relation)'를 하는 행위하고 할 수 있다.

이런 과정을 통해 창의적인 결과물이 만들어지는 토양이 사람의 내면에 쌓이는 것이다.

이렇게 스티브 잡스가 지적한 'connect experience'를 통해 수업 방법을 개선해 나가는 것이 인성교육 시대를 맞이한 학교교육의 새로운 패러다임이 될 수도 있을 것이다.

창의적인 사람은 이밖에도 좋아하는 것을 가지고 있으며 목표의식이 뚜렷한 경향이 있다. 전혀 다른 것을 연합하는 능력과 함께 호기심으로 남다른 것을 찾아내려는 특성이 있는 사람이기도 하다. 이런 창의적인 특성을 지닌 사람들은 세상을 바꾸는 발명품을 만들어 내거나 이것을 통해 사람들의 삶의 질을 향상시키는 기여를 하게 되는 것이다.

문제는 '이런 창의력을 길러주기 위해 학교와 선생님은 어떤 노력을 기울여야 하는가?'이다.

스티브 잡스의 표현대로 "나는 배고프다. 그리고 여전히 어리석다"는 말을 되새겨 볼 필요가 있다. 창의성은 늘 부족한 상태로 허기진 '호기심'을 끊임없이 해결하려는 마음에서 발현된다는 뜻이다.

따라서 미켈란젤로가 85세 노인이 되어서도 "나는 아직도 배우고 있다"는 말을 하면서 학습의 자세를 평생토록 유지하려고 노력한 것을 상기할 필요가 있다.

학교에서 인성교육을 실시하려면, 학생 뿐만 아니라 교사도 '늘 배우려는 자세'를 잃지 말아야 한다. 그런 배움에 대한 갈망을 지속 가능하도록 유지하는 것은 교사의 중요한 능력 가운데 하나가 될 것이다.

그런 의미에서 배움에 대한 갈망의 중요성을 강조한 앨버트 아인슈타인(A. Einstein)의 다음과 같은 지적은 의미심장하다. 그가 강조한 내용이 바로 '창의성' 교육이기 때문이다.

T.I.P

The value of an education

in a liberal arts college

Is not the learning of many facts

but the training of the mind

to think something

That cannot be learned from textbooks.

교육의 가치는 많은 지식을 배우는 데만 두어서는 안된다.

그것은 교과서에서 배울 수 없는 무엇인가를

끝없이 상상하고 갈망하도록

훈련시키는 데서 의미를 찾아야 한다.

포용과
협력

살아가는 모든 일에서 자신의 노력과 결과에 있어 객관적인 평가가 뒤따르지 못할 경우 불공정한 사회라는 불만과 비판이 이어지게 된다.

하버드대학교 교수이자 정치철학자로 유명한 마이클 샌델의 〈정의란 무엇인가?〉(JUSTICE: What's the right thing to do?)라는 정치 철학서가 전 세계적으로 인기를 끌고, 송나라의 정치가이자 지방 관리로 부당한 세금을 없애고 판관이 돼 부패한 정치가들을 엄정하게 처벌함으로써 청백리로 칭송된 '포청천'이 드라마로 큰 인기를 얻은 것도 '공정'과 '정의'를 바라는 많은 사람의 욕구를 대리만족시켜주는 역할을 했기 때문일 것이다.

특히, 교육에 있어 이러한 '공정함'은 더욱 요구된다. 자라나는 아이들에게 준법정신, 노력한 만큼의 결과를 보여주는 것이 바로 '공정함'에서 비롯되기 때문이다.

'사회는 교실이다'라고 정해진 1985년 교육주간 주제처럼 우리의 자녀들은 세상사를 단지 교실과 교과서에서만 습득하지 않는다.

TV와 인터넷, 스마트폰 등으로 정보 접근성이 크게 높아진 청소년들은 기성세대들의 잘잘못을 꿰뚫어보고 있다는 점에서 한국 사회는 사회정의와 준법정신, 공정함에 더욱 노력해야 할 책무가 있다.

그런 의미에서 1982년 독일 쾰른대학에서 이뤄진 '최후통첩 게임'은 시사하는 바가 크다고 할 수 있다.

1000명의 사람을 두 집단으로 나누어 사람들에게 각각 1만원에 해당하는 돈을 두 사람씩 나눠서 가지도록 했다. 한 쪽 집단은 돈을 나누면서 90%에 해당하는 돈을 한 사람이 가지고 나머지 한 사람은 10%에 해당하는 돈만을 가지게 했더니 이런 불만이 터져나왔다.

"이건 사기야! 반드시 응징하고 말거야. 정의롭지 못해."

반면에 다른 집단에서는 문제해결을 주도한 사람이 70%에 해당하는 금전을 가지고 나머지는 사람들에게 나눠주도록 했더니 불만이 없었다.

혼자서 독식하지 않고 서로 협력한 대가로 과실을 나눌 때는 적어도 30%이상 나눠가지라는 것이 쾰른대 실험을 주도한 연구집단이 제시한 결론이다.

협력을 통한 분배의 정의는 또 다른 사례에서도 참고할 만한 것이 있다.

1953년 인간의 DNA 구조를 발견해 100세 시대를 연 공로로 노벨상을 수상한 크릭과 왓슨의 사례가 그것이다. 세간의 주목을 받았던 이 연구에서 애초에 선두주자는 이 분야의 총아인 윌킨스와 프랭클린이었다.

하지만 이들은 연구성과를 독식하겠다는 욕심에 같은 연구팀이면서도 각자의 연구성과를 공유하지 않았고 끝내 팀이 해체되는 비운의 결과를 맞이한다.

같은 연구를 진행하던 폴링 팀은 연구 비밀을 지키기 위해 혼자서 연구에만 전념한 나머지 뚜렷한 연구 성과를 남기지 못했다.

그러나 기적은 왓슨과 크릭이 만들어냈다. 아무도 기대하지 못한 결과였다. 이들은 인류의 의학적 진보를 이뤄내겠다는 일념으로 연구실에 출근하면 늘 산책을 같이 했다. 정보를 나누는 것은 물론 연구결과가 장벽에 가로막혔을 때는 내 일처럼 고민을 함께 나누었다. 식사 후에는 늘 커피하우스에 함께 앉아 차를 마시며 동시대를 살아가는 사람으로서 우의를 다졌다. 그 결과 놀라운 성과를 만들어낸 것이다.

'협력'은 이렇게 늘 예기치 않은 성과를 만들어낸다. 그리고 협력의 진화는 늘 여기서 머물지 않는다. 우정과 관계의 지속성을 기초로 하는 '협력'의 힘은 정말 놀라운 것이다.

'죄수의 딜레마'라는 게임의 결과도 살펴볼 만 하다. 교도소에 갇혀 있는 사람들에게 협력하는 모델과 협력하지 않는 모델을 기본으로 서로 보상하는 실험을 진행한 결과, 가장 성과가 높은 모델이 발견된 것이다.

결론은 이렇다.

일단 처음에는 아무 조건도 따지지 않고 협력하는 것이다. 그리고 상대방의 호의적인 반응을 얻으면 주고 받는 방식으로 협력하는 것이다. 이것이 가장 성과가 높은 협력의 방식이었다.

연구진은 이것을 가장 '이로운 전략'이라고 설명했는데, 이를 하나의 문장으로 표현하면 이런 것이었다.

"우선 협력하라! 그리고 나서 눈에는 눈 그리고 이에는 이!"

성공하고 싶다면 그리고 멸망이 아닌 생존을 하고 싶다면 우리는 협력해야 한다. 이런 개방적인 사례는 문명의 발전과도 매우 밀접한 관련이 있다.

중국 진나라와 로마의 흥망성쇠를 들여다보면 그렇다.

영웅호걸들이 난무하던 춘추전국의 시대를 통일한 진나라의 힘은 어디서 나온 것일까? 군사력의 힘일까? 그렇지 않다. 숨겨진 비밀은 '외교력'에 있었다. 진나라는 외교력을 강화해 적을 줄이고 내 편을 많이 만들어 중국의 천하를 통일해 낸 것이다.

로마의 융성도 마찬가지 시각으로 보아야 한다. 로마는 이민족에게 관대한 나라였다. 누구나 힘이 있고 쓸만한 재주를 가지고 있으면 등용해서 인재로 활용하는 데 주저하지 않았다. 천하의 인재가 로마로 몰려들었고 이것이 로마를 세계 제일의 나라로 성장하게 만들었다.

포용와 협력의 리더십이 오래가는 제국을 만들었고, 폐쇄적이고 배척하는 태도는 멸망으로 인도한다는 것이 역사의 교훈이다.

학교 교육도 마찬가지이다. 청나라를 강국의 반열에 올려놓은 강희제가 만주족과 한족의 갈등을 잠재우기 위해 '만한전석'이라는 함께 식사하는 문화를 만들어 놓았듯이 다양한 사람들과 만나고 갈등의 해결을 위해 서로 협력하고 포용하는 '세계민주시민교육'에 관심을 가져야 하는 것이다.

특히 200만 명에 육박하는 다문화가정의 아이들이 한국 사회에 잘 스며들 수 있도록 다문화 교육에도 관심의 끈을 놓지 말아야 한다.

빠르게 변화하는 시대에 대한민국이 세계 역사의 중심에서 밀려나지 않으려면 이런 '포용과 협력'에 기반한 인성교육이 더욱 착실하게 진행되어야 하는 것이다.

지금 대한민국 교육은 방향을 잃은 채 표류하고 있다.

교육문제에 대한 정치적 접근과 교육정책 난맥상 속에서 존사애제(尊師愛弟)의 전통과 인성교육은 실종되고, 학교현장은 갈수록 황폐화되고 있다. 특히 교육의 중심이어야 할 선생님의 사기는 땅에 떨어져 교직사회의 열정과 헌신 의지마저 꺾고 있다.

이에 한국교총은 현장 교원 주도의 '교육제자리 찾기(Back to the basic)'를 위해 교총 한국교육정책연구소에서 '새교육개혁포럼'을 2013년 11월4일 창립했다.

또한 2013년 11월23일 개최된 한국교총 제99회 정기 대의원회에 전국의 대의원들의 결의에 힘입은 교육선언을 채택했다.

우리 교육을 다시 세우고 교육본질의 높은 이상과 가치를 실현하려는 절체절명의 뜨거운 사명감으로 교육선언문을 낭독했다.

한국교총은 연구하는 교직자상을 정립하고, 현장 교원이 교육개혁의 주체가 되는 제2의 새교육 개혁운동을 힘차게 전개할 것을 천명했다. 이는 교육의 제자리 찾기와 기본으로 돌아가(Back to the basics) 교육자가 중심이 되는 교육을 재건하기 위함이다.

새교육개혁포럼은 '교원이 교육개혁의 주체가 되는 제2의 새교육 개혁운동으로 교원 자긍심을 높이겠다'는 한국교총 제35대 회장단 취임 당시 약속을 실천에 옮긴 것이다.

한편으로 인성교육범국민실천연합이 2012년 7월24일 160여개 기관 및 단체가 모여 '인성이 진정한 실력이다'라는 캐치프레이즈를 내걸고 창립되었다. 이후 인성교육 실천 노력이 확산되어 현재 230개 회원단체가 가입했다. 올바른 인성교육 실천을 위한 인실련의 노력으로 지난 2월, 대전지회를 필두로 부산, 충남, 인천, 세종, 충남, 서울지회가 차례대로 창립하여 범국민적인 인성교육의 장을 펼쳐가고 있다.

인실련은 공부만 잘하는 학생이 최고가 아니라 남을 배려하고 존중하며 나눔을 실천하는 학생이야 말로 최고의 성장 가능성이 있다는 전제 아래 출발했다. 더불어 교원, 학부모를 비롯한 전 국민의 바른 인성 재무장 운동으로 행복한 사회를 건설하고자 한다. 인실련은 미래 교육을 걱정하는 교육가족의 뜨거운 관심과 열정의 산물로 더욱 확산되어 갈 것이다.

인실련의 성립은 바로 사회 각 계층과 협력해 교육문제를 해결하고 포용심이 있는 인재를 길러내기 위한 노력의 결과물이라고 할 수 있다.

인내와
끈기

'10번 찍어 안넘어 가는 나무 없다'는 속담은 '인내와 끈기'의 중요성을 잘 보여주는 속담 가운데 하나이다. 살다보면 이런 끈기와 인내가 필요한 경우가 참 많다.

지난 2009년 4월 하순, 전북 김제 금산사에서 템플스테이에 참여했다가 우연히 보게 된 스님들의 법고대회의 한 장면이 꼭 그런 경우라고 할 수 있다.

"자, 이제 너는 지존이 되었으니 모든 이가 즐거워하는 모습을 보거라."

앵콜 공연을 위해 무대에 오른 수덕사의 스님은 맘껏 법고를 두드리고 있었다. 석양이 뉘엿뉘엿 저물고 있는 아름다운 초저녁이었다. 이날 전국의 스님들이 모여 법고(法鼓)대회가 열렸는데, 최종 수상자로 모두 5개 팀이 결정되었다.

최종 수상자들의 사연이 궁금했다. 5등에 해당하는 장려상은 실상사 스님들 몫이었다. 그런데 재미난 것은 실상사에 북이 없다는 것이다. 스님들은 절 뒤편의 바위를 두드리고, 한편으론 빨간 고무통(다라)을 뒤집어 놓고 북치는 연습을 했다고 한다. 너무너무 북을 치고 싶어했기 때문이다. 그 열정을 높이 평가받아 수상을 한 것이었다.

5등부터 2등까지는 차례대로 상금이 부상으로 전달되었다. 절에 돌아가서 회식이나 하라고 하면서….

순간 폭소가 쏟아졌지만 사람들은 이내 그 이유를 알 수 있었다. 처음에 좋아서 시작한 북치기가 일정 시간이 지나면 지치고 힘들어 포기하기 쉽다는 것이 그 이유였다. 그래서 현금으로 동기부여를 해주는 것이다.

마침내 대상이 결정되는 순간이 되자 행사장은 숙연한 분위기가 연출되었다.

대상을 받은 수덕사 스님에게 부상으로 다음과 같은 말이 전달됐다.

"너에게는 상금이 없다. 모든 사람들을 위해 다시 북을 치거라. 그 북소리를 듣고 희망을 느끼며 즐거워하는 사람들의 얼굴을 보거라. 그것이 네가 오늘 가져가는 가장 큰 상이다."

행사가 끝나고 집으로 돌아오는 길에 많은 것을 생각했다. 공부를 하는 이유도, 인생을 살아가는 이유도 이래야 하는 것 아닌가 싶어서 말이다. 교육자의 한 사람으로서 수덕사 스님이나 김연아처럼 우리 아이들도 '열정'을 가지고 공부를 시작하도록 가르쳐야 한다고 생각했다. 그리고 최종적인 목표를 달성하면 어떤 세상이 기다리고 있는지 '공부하는 이유'를 분명히 가르쳐야 한다는 생각도 했다.

호기심은 열정을 낳고 열정은 동기부여가 되어 아이들을 성장시킨다. 문제는 5등부터 2등까지처럼 목표에 도달하기 전까지 힘에 겨워하는 아이들을 포기하지 않고 끝까지 '인내심'을 가지며 공부하고 살아갈 수 있도록 지도하고 기다려 주는 것이다.

가르치는 선생님이나 부모님들이 반드시 알아야 할 부분은 바로 이것이다.

포기하지 않는 태도의 중요성은 어려움을 이겨낸 각기 다른 두 이야기에서도 찾아볼 수 있다.

1880년대 영국 런던 거리에는 산업혁명의 영향으로 서민들이 즐겨 타는 자동차가 넘쳐나기 시작했다. 반면에 아직도 마차를 즐겨 이용하던 영국의 상원 의원들은 늘어난 자동차로 인해 마차운행이 불편해지자 엉뚱한 법안을 만들어 통과시켰다.

"모든 자동차는 마차보다 빨리 달릴 수 없다"는 것이 그것이었다.

당시 자동차 문화를 선도하기 시작하던 롤스로이스는 상원의원들의 법안에 굴복해 자동차를 마차처럼 크고 화려하게 만들어 마차 뒤를 따르게 했다. 하지만 일군의 자동차 회사는 이에 반발해 독일로 이민을 가고 만다. 이들이 독일에서 제일 먼저 참여한 일은 자동차를 만드는 것이 아니라 속도 제한이 없는 도로를 만드는 것이었다. '아우토반'이 생겨난 배경이 되는 이야기다.

위험을 참아내고 끝까지 포기하지 않아 성공한 또 다른 한가지 사례가 있다. 바로 코카콜라와 환타의 이야기다.

잘 알려진 것처럼 콜라의 제조기법은 기밀사항이었다. 2차대전이 발발하기전 코카콜라는 독일에서도 인기 있는 음료수로 각광을 받았다. 하지만 전쟁이 일어나자 미군이 수통에 코카콜라를 담아먹기 시작하면서 문제가 생겼다.

군수품으로 지정된 코카콜라의 제조기법이 독일에 수출될 수 없게 된 것이다. 하지만 독일의 코카콜라 제조 공장 주인은 생각이 달랐다.

코카콜라의 원액 대신에 포도즙과 오렌지즙을 혼합해 새로운 음료수를 개발해 낸 것이다. 그렇게 탄생한 신제품이 바로 '환타' 였다.

살다보면 이렇게 예기치 못한 위험과 고난이 우리를 찾아온다. 하지만 그 고난보다 더 위험한 것이 실패나 위기를 바라보는 부정적인 생각인 것이다. 기회는 오히려 이렇게 위기와 함께 찾아오는 것이다.

포기하지 않고 인내심으로 끈기있게 대처하는 태도를 기르는 것이 인성교육에서 중요한 이유는 바로 이런 것이다.

영국의 윈스턴 처칠 수상도 인내심을 상징하는 대표적인 인물 가

운데 하나다. 나치 독일과 한창 싸우던 어느날 밤. 대국민 연설을
위해 라디오 방송 플랫폼에 선 그는 이렇게 말해 영국국민을 감동
시켰다.

공부를 잘 한다는 것은 힘들고 어려워도 배워야 할 일정한 학습
의 시간을 잘 견뎌낸다는 뜻이기도 하다. 우리는 아이들을 포기하
지 않고 인내심을 가지며, 인생의 목표를 분명히 세우고 디자인해
이를 실천하는 삶을 사는 아이들로 키워야 한다.

그런 의미에서 2014년 말 한 신문사가 시행한 교단체험 수기 공
모전에서 대상을 받은 경기도의 한 초등학교 선생님의 말이 아직도
기억에 떠오른다.

"아이들은 '너를 절대 포기하지 않을 거야'라는 말을 가장 듣고 싶
어한다"는 것이 그 선생님의 고백이었다.

그해 연말 한국교총 한국교육신문사가 실시한 교단수기 대상을
받은 한 여선생님도 "학생에게 신뢰를 심어주고, 신뢰를 얻어내면
반항하며 어긋나던 아이도 마음을 열고 교사의 심장을 뛰게 한다"
는 수상 소감을 밝혀 잊지 못할 감동을 주었다. 제자를 끝까지 포기
하지 않고 인내심으로 마음을 열고 다가가면 그 아이들의 인생이

바뀌는 경험을 하는 직업이 성스러운 '스승의 길'인 것이다.

이렇게 인성을 중시하는 태도는 우리 사회 곳곳에서도 쉽게 찾아볼 수 있다.

법조인이 되려는 사람들은 특히 주목해서 관심을 가질 만한 이야기가 또 있다.

사법시험을 대체하는 로스쿨 제도가 정착되면서 법조인이 되려는 사람들의 조건에 대해 많은 학생들이 관심을 가진다. 이런 사람들은 서울대에서 지난 2012년 처음 열린 '서울대 Law 인재마당'에 참여한 대표적인 법률회사(Law Firm)들의 인재채용 원칙을 들여다보면 좋을 것이다.

먼저 조직을 사랑하고 동료와 친화력을 발휘해 성과를 내는 사람을 선호하는 경향이 뚜렷했다. 로펌에서 원하는 인재는 사람 됨됨이, 발전가능성, 조직친화력, 순발력, 체력을 중시하는 입장을 분명히 한 것이다. 이후 입사해서 전문적인 변호사로 성장할 수 있는 잠재력이 있는지도 매우 중요한 평가요소다.

이미 만들어진 이력보다 앞으로 성장할 수 있는지, 대부분의 업무가 팀으로 이뤄지는 이상 로펌에서 함께 일할 수 있는 사람인지가 가장 중요한 요소라는 것이다.

시험을 잘 보아서 법조인을 뽑는 시대에서 이제 '인성'을 중시하는 시대가 법조계에도 시작된 것이다.

세계 굴지의 보스턴컨설팅 그룹 뷔르크너 회장이 CEO를 꿈꾸는 청년들에게 늘 해주는 말도 귀담을 만한 것이다.

먼저 꿈을 현실로 이루고 싶은 열망을 가져야 한다. 그리고 변화를 받아들이는 열린 자세를 가지는 것이 좋다. 성공하면 싶다면 지금 당장 도전하라. 경험하라. 혁신하라. 그리고 새로운 시도와 실험을 자주 하라. 미래는 그냥 오는 것이 아니라 우리가 만들어 나가는 것이다.

그의 충고는 여기서 머물지 않는다.

혼자 하려 하지 말고 사람을 움직이고 협력을 이끌어 내라는 것이다. 도전은 위험한 일이지만 도전하지 않는 것은 더욱 위험하기 때문에 인내심을 가지고 꾸준하게 끈기있게 참으며 실행에 집중하다 보면 반드시 성과를 맛본다는 것이다.

그러니 하고 싶은 일을 찾아 꾸준히 지속하는 것만큼 소중한 인생의 경험은 없다. 학교에서의 인성교육도 이런 태도를 길러주기 위해 노력해야 한다.

사회가 달라져도 사람이 살아가는 사회이기에
'기본'과 '원칙'은 늘 중요하다.
꿈과 희망을 잃지 않고, 부지런하고 도전적인 자세로
서로 도우며 살아감으로써 얻는 성취와 기쁨을 학생들에게
안겨주자.

Question 4

아이의
인생을
결정짓는
사람

나를
알아주는
사람

Intro

팔레스타인에는 두 개의 바다가 있다. 하나는 맑고 깨끗해서 물고기들이 살고 있다. 나무들은 그 위에 가지를 드리우고 있고, 목마른 뿌리를 뻗어 갈증을 풀어 줄 물을 빨아들인다. 산위에서 떨어져 내려오는 요단강은 이 바다에 빛을 더한다. 인간은 그 옆에 집을 짓고 새들은 둥지를 튼다. 바다가 있어 갖가지 생명은 더 행복하다.

요단강이 남쪽을 달리다 보면 다른 바다를 만난다. 여기에는 물고기가 일으키는 물보라도 펄럭이는 나뭇잎도 새들의 노래도, 아이들의 웃음소리도 없다. 공기만이 물 위를 무겁게 짓누르고 있고 인간도, 동물도 새들도 그 물을 마시지 않는다.

서로 가까이에 있는 이 두 바다의 차이는 무엇인가? 갈릴리해는 요단강을 받아들이지만 그것을 가두어 두지 않는다. 한 방울이 흘러들어 오면 한 방울을 흘려보낸다. 주는 것과 받는 것이 똑같이 이뤄지는 것이다.

심술궂은 다른 바다는 강물이 욕심이 나서 내놓지를 않는다. 한 방울이 들어오면 바다는 그것을 모두 가져가 버린다. 갈릴리해는 내주고 살아있다. 그러나 또 다른 이 바다는 아무 것도 내주지 않는다. 이 바다에는 죽은 바다, '죽음의 바다', 사해(死海)라는 이름이 붙여졌다.

팔레스타인에 두 종류의 바다가 있듯이 세상에도 두 종류의 사람들이 있다. '나눔'을 실천하는 사람과 그렇지 않은 사람이다.

우리는 이렇게 나눔을 실천하는 갈릴리 바다와 같은 사람을 좋아하고 그런 사람을 '친구'라고 부르는 데 주저하지 않는다. 교사도 마찬가지다. 제자에게 사랑을 나눠주는 사람이기 때문이다.

사람이 태어나서 가장 먼저 사랑을 나눠주는 사람이 '어머니'라는 존재다. 어머니의 보살핌이 없다면 이 험난한 세상에서 둥지를 틀 수 없을 것이다.

나는 이렇게 한 사람의 성장을 위해 가장 필요한 나눔을 베풀어 줄 수 있는 갈릴리해와 같은 존재가 세 사람 있다고 믿는다.

'어머니와 선생님 그리고 친구'가 바로 그들이다. 이들이 '한 아이의 인생을 결정짓는 사람들'인 것이다.

어머니는 자신의 뜻대로 선택할 수 없지만 세상의 모든 어머니들은 훌륭한 선생님이다. 친구는 선택할 수 있는 존재이지만 긍정적인 영향을 미치기도 하고 나쁜 영향을 미치기도 한다. 그래서 친구는 자신에게 양면적인 선생님이 되어 줄 수 있다.

좋은 친구를 사귄다는 것은 인생의 좋은 선생님을 만나는 것과 같다.

좋은 어머니와 좋은 친구는 인생의 훌륭한 선생님이다. 존재만으로도 귀한 인성교육의 롤모델이라고 할 수 있다. 그 공통 분모에 내 인생의 스승인 '선생님'이 있다.

선생님이란 존재가 얼마나 귀중한 것인지를 보여주는 일화는 많다. 유대인들의 삶의 지혜를 담은 〈탈무드〉에 나오는 17마리의 낙타 이야기도 그 중 하나다.

T.I.P

한 남자가 죽기 전 아들 셋을 불러놓고 17마리의 낙타를 주면서 "첫째가 낙타의 절반을, 둘째가 3분의 1을, 그리고 막내가 9분의 1을 가지라"고 유언한 뒤 세상을 떠났다. 장례를 치른 후, 아들들은 유언대로 낙타를 나누려고 했지만 아무리 계산을 해봐도 그 답을 알 수가 없었고, 어려운 숙제를 내준 아버지가 차츰 원망스럽기까지 하다는 생각이 들었다.

이때 그들 옆을 지나던 한 랍비가 말했다.

"내가 낙타 한 마리를 보태겠네. 그러면 모두 18마리가 되네. 첫째는 절반을 가지라고 했으니까 9마리를 갖게. 둘째는 3분의 1을 가지기로 했으니 6마리를 갖고, 막내는 9분의 1을 가지라고 했으니 2마리를 갖도록 하게. 그러면 모두 17마리가 되지? 이제 남은 한 마리는 내가 찾아가겠네."

탈무드 이야기에 등장하는 랍비는 유대인들에게 지혜를 나눠주는 '선생님'이다. 이 선생님이 아이들에게 지혜를 나눠주는 이유는 아이들의 존재를 어려서부터 믿어주고 격려해주기 위해서다. 아이들이 그 사회의 미래이기 때문에 그들을 인정하고 먼저 산 사람으로서 지혜를 나눠주려는 것이다. 선생님은 아이와 더불어 이렇게 존재 그 자체만으로도 축복인 셈이다.

아이들은 자신을 인정하고 알아주는 사람을 만날 때 행복감을 느끼며 성장해 간다. 자신을 인정하는 그 사람이 '어머니'이고 '친구'이고 '선생님'인 것이다.

한국인들의 밥상에 오르는 음식 가운데 고추장이나 된장처럼 어머니의 손맛이 스며들어 있는 재료는 그리 많지 않다.

된장이 오랜 세월 발효가 돼 저항력이 있는 새로운 면역체계를 만드는 진짜 된장이 되듯, 인간 안에 녹아들어서 인간을 성숙하게 만들고 내면화를 도와주는 존재가 있다. 그런 내면화를 스스로는 잘 깨닫지 못하기에, 이를 깨닫게 해주는 존재가 바로 '선생님'이다.

지식이 아닌 지혜(wisdom) 안에 내재되어 있는 이 보이지 않는 힘을 길러주려는 것이 '인성교육'이라면, 묵은 된장처럼 발효가 돼 우리 몸 안에 내면화된 면역체계를 만드는 곳은 '학교'라고 할 수 있다.

그것이 없이는 지식도 메마른 지식이고, 인간의 성장을 위해서 풍성하게 만들어지지 않고 사회가 혼란스럽게 된다. 우리가 세계화를 외치지만 다양화 시대에 시리아의 IS와 같은 변종들이 생기게 된 이유는 전 세계적으로 학교의 기능이 마비되고 공교육의 위기가 일반화됐기 때문이라는 생각을 지울 수 없다.

이런 세계사적인 갈등과 혼란을 이겨내는 가장 좋은 방법은 어린 아이들이 성장하는 학교를 다시 세워 인성교육을 강화하는 것이 가장 좋다고 생각한다. 이를 전제로 현재의 초·중등학교 공교육의 모습은 사실상 많은 부분이 보완돼야 한다.

2015년 12월1일 유엔 기후변화협약 당사국 총회(COP21) 참석차 프랑스 파리를 방문한 박근혜 대통령도 같은 입장을 밝힌 바 있다. 박 대통령은 "지난달 파리에서 발생한 테러와 같은 폭력적 극단주의의 악순환을 근본적으로 해결하고 평화의 방벽을 세우기 위해선 교육이 중요하다"고 역설했다.

이날 역대 대한민국 대통령 가운데 처음으로 유네스코 본부를 방문해 특별연설을 진행한 박 대통령은 평화의 방벽을 언급했다. 그것은 '전쟁은 인간의 마음에서 비롯된 것으로 평화의 방벽(The defences of peace)을 세워야 할 곳도 인간의 마음'이라는 유네스코 헌장의 한 문구다.

박 대통령은 이 날 연설에서 폭력적 극단주의를 해결하려면 "세계시민교육을 더욱 확산하고 강화시켜 나가야 한다"며 "지난 5월 우리나라에서 열린 '2015 세계교육포럼'의 인천선언을 통해 '세계시민교육'(Global Citizenship Education)이 향후 15년간 세계 교육목표로 설정된 것을 높이 평가하고 싶다"고 말했다.

세계시민교육이란 기후변화, 민주주의, 평화와 안보 등 글로벌 이슈에 능동적으로 대처하고 인류의 보편적 가치 달성에 기여하는 세계시민을 양성하자는 개념이다. 그리고 그것은 관용과 이해에 대한 교육을 통해 극단주의를 해결하는 방안으로 부상하고 있다.

세계시민교육은 2015년 5월 인천에서 열린 세계교육포럼 결과 문서인 '인천선언'에 포함됐고, 같은해 9월 유엔 개발정상회의에서 채택된 '2030 지속가능개발 의제'(2030 Agenda for Sustainable Development) 가운데 교육분야 목표로도 선정된 바 있다.

이런 세계시민교육의 중심에 바로 '선생님'이 있고, 교육계는 자성적으로 인성교육을 위해 분연히 일어나야 하는 것이다.

그리고 이것을 강조해야 하는 이유는 지식을 가르치는 이유가 많은 교과목들이 단기적, 도구적으로 지식의 계열성으로 체계적으로 공부해서 시험을 치면서 지식을 습득해야 하지만, 그 지식이 지혜화될 수 있도록 해야 하기 때문이다. 선생님은 이제 지식이 아니라 지혜를 나눠주는 사람이 되어야 한다는 뜻이다. 그렇게 지혜화될 수 있도록 만드는 사람이 교사라고 할 수 있다.

교사만 이런 역할을 하는 것이 아니라, 학부모와 많은 대화를 통해서 가정에서도 개별지도가 이루어져야 함은 물론이다. 아이들 지식의 부족한 부분은 가정에서 보완을 해야 하는 것이다. 인성교육이 제대로 이뤄지려면 교사와 학부모가 힘을 합쳐 가르쳐야 하는 것이다. 그렇게 해야 학교교육이 제대로 이뤄질 수 있다.

학교 한 클래스에서 천차만별인 30명 학생들의 수학적인 지식을 살펴보면, IQ가 170인 학생도 있고, IQ가 90과 130인 학생도 같은 교실에서 학습을 하고 있는 상황을 보게 된다.

단기적으로 초등학교 1학년부터 고등학교 3학년까지 12년 동안 계속해서 가르치면 좋지만, 공교육은 현실적으로 그렇게 하기 어렵기 때문에 제대로 된 학습효과를 보려면 교사 혼자만의 힘으로는 절대 부족하다.

오히려 계속적으로 끌고 가는 사람은 부모라고 해야 할 것이다. 그런데 부모가 수학이나 언어 지식을 다 습득할 수 없으므로 아이의 인성을 지도하는 담임 선생님과 '관계맺기'를 잘 하는 것이 중요하다.

지혜로운 부모들은 선생님을 잘 이해하고 관계를 합리적으로 맺어가는 사람들이라고 할 수 있다.

윤 일병 사건으로 병영 문화를 혁신하고 있는 군부대를 방문한 적이 있다. 국방부의 설명에 따르면, 병사들의 군부대 적응을 위해 심리적 안정을 주는 방법으로 '부모님들과의 의사소통'을 위한 사회관계망서비스(SNS)인 밴드를 만들어 병사들의 사회적 관계를 이어가게 했더니 병사들은 물론 특히 부모들의 불안감이 사라지고 병영이 안정화되는 데 큰 도움이 되었다고 한다.

이렇게 만들어진 밴드 계정이 2만 6천개가 넘는다고 한다. 군에 아들을 보낸 부모들의 97.3%가량이 매우 만족해 하고 있다는 것이다. 이것이 군 부대에 대한 국민들의 신뢰도를 엄청나게 향상시켰음은 물론이다.

나는 이런 군 부대의 소통방식을 학교에서도 도입할 필요가 있다고 생각한다. 인성교육을 위해 학부모와 선생님이 같은 방식으로 SNS 계정을 통해 작은 일도 상의하고 소통할 필요가 있다는 의미이다.

이제 우리도 담임 선생님들이 학부모와 밴드를 만드는 운동을 전개해야 한다. 학부모와 선생님이 함께 동행하면서 아이들의 전인적인 성장을 돕는 '학사모(學師母) 일체 운동'이 필요한 것이다. 이것이 SNS시대를 맞아 학교가 달라져야 하는 모습이다.

교육에서 교사가 차지하는 비중은 매우 크다고 할 수 있다. 아이들의 교육이 그 사회의 미래라고 생각하는 선진국일수록 교사의 존재감에 대한 국가지도자의 관심은 매우 지극하다고 할 수 있다. 교사의 존재 자체가 아이들의 미래를 만들기 때문이다.

미국의 버락 오바마 대통령이나 시진핑 중국 국가주석은 바로 그런 지도자들의 모습을 잘 보여준다.

시진핑 중국 국가주석은 최근 성역 없는 부패 척결은 물론이고 외교 지평을 넓히는 파격적 행보로 국제 뉴스의 단골 인사가 되고 있다. 시진핑 주석이 대한민국 언론의 주목을 받는 이슈 중 하나는 그의 교사관과 교육관이 아닐까 싶다.

그는 중국 '스승의 날(교사절)'을 하루 앞둔 9월 9일 베이징사범대를 방문해 "훌륭한 스승은 도덕성과 지조를 갖추고 학생들이 올바른 길을 걷도록 도와줘야 한다"며 "특히 청소년 학생들이 인생의 첫 단추를 잘 끼우도록 지도해야 한다"고 교사의 역할을 강조했다.

대학 대표단과의 간담회에서는 "인생에서 좋은 교사를 만나는 것은 행운이고, 좋은 교사들이 배출되는 것은 민족의 희망"이라고도 했다. 이른바 시진핑의 '단추론'이다. 더불어 그는 교사 처우의 획기적 개선을 통해 교사를 사회에서 가장 존경받는 직업인으로 만들겠다는 약속도 했다. 중국이 미래 국운을 '교육'에 건 듯한 인상이다.

시진핑 주석뿐만이 아니다. 버락 오바마 미국 대통령의 교육개혁 의지는 사뭇 비장하기까지 하다. 이런 의지는 파격적인 교육 투자로 이어졌다. 그 예로 청년직업연계 교육을 위해 연방정부 예산으로 실무교육 강화 대상으로 선정된 24개 학교 및 교육기관에 약 1100억 원을 지원하는 등 적극적인 투자를 하고 있다.

그가 특히 주목하고 있는 것은 바로 '교사'다. 오바마 대통령은 취임 직후부터 한국의 교육을 누차 칭찬하며 높은 교육열과 우수한 교사를 배울 점으로 꼽았다.

"부모 다음으로 교사들은 학생들의 인생에 영향을 미친다. 한국에서는 교사가 국가 건설자(nation builder)로 불리고 있다"는 그의 말에는 우리나라의 전통적인 스승 존경 문화와 우수한 교사에 대한 부러움이 담겨 있다.

지난해 7월 오바마 대통령은 우수한 교사 확보를 위한 의지를 명확히 드러냈다. 백악관에 4명의 교사를 초청한 오찬에서 "제가 여기 백악관에 있는 유일한 이유는 훌륭한 선생님들을 만났기 때문입니다"라고 말했다. 이어 "엄청난 차이를 만들어내는 중요한 요인은 바로 '위대한 선생님'인데, 불행하게도 지금 미국에는 그런 선생님을 만나지 못한 아이들이 많다"며, 이른바 '모든 이를 위한 좋은 선생님(Excellent Educators for All) 정책'을 내놓았다.

이처럼 세계 주요 국가 정상들이 교사에 대해 높은 관심을 보이며, 처우 및 자질 개선에 나선 이유는 명확하다. '교육의 질은 교사의 질을 넘을 수 없다'는 진리 때문이다. 이러한 세계사적 교육 흐름을 우리나라는 교훈으로 삼아야 한다.

반면 우리나라는 국민의 개인적 교육열은 여전하지만, 최근 교육 현실은 격세지감이 느껴질 만큼 좋지 않다. 교육을 국정의 중심에 놓지 못하고 있으며, 사회 각계의 교육 투자나 지원이 점점 약화되어 가고 있는 것은 주지의 사실이다. 세수 부족이라고는 하나 다음 해에도 유·초·중등 교육예산이 전년 대비 1조4228억 원이나 줄어든 점은 매우 안타깝다.

보통교육에 대한 투자 약화는 대한민국의 미래를 어둡게 할 뿐이다. 특히 교사 존중 전통이 약화되어 가고 있는 것이 큰 문제다. 미국, 중국 등 선진국들은 과거 우리의 교사 존중 정신을 본보기로 삼아 변화하고 있는데, 우리나라는 오히려 이러한 흐름에 역행하는 모습이다.

물론 박근혜 대통령도 '교육입국'의 중요성에 대한 인식을 갖고 인성교육 등 교육 본질 회복을 강조하고 있다. 잘못된 방향으로 역행하고 있는 현실을 바로잡기 위해서는 오바마 대통령과 시진핑 주석처럼 대통령이 직접 나서서 과감한 정책과 투자를 진두 지휘할 필요가 있다. 주요 국가 정상들의 모습을 본보기 삼아 교사의 중요성을 강조하고 우수 인력 확보를 위해 힘써 주길 바란다.

내가 한국교원단체총연합회 회장으로 임기를 시작한 2010년 한 해는 유달리 언론을 통해 많은 교권침해 사건들이 보도된 때다. 그중에서 '친구들과 싸우는 것을 말리던 여교사가 학생에게 폭행을 당한 사건', '수업시간 중 자신을 꾸짖던 여교사를 폭행한 남학생이 결국 경찰에 입건되는 사건', '중학교에서 학생이 교사에게 폭언과 함께 폭력을 휘두른 사건' 등은 우리 사회와 교육계에 큰 충격을 안겨 주었고 교권침해에 대한 심각성을 다시 한번 일깨우는 계기가 되었다.

교사의 권위가 땅에 떨어지는 사건은 안타깝게도 다음 해인 2011년에도 계속 됐다. '담배를 빼앗긴 중학생이 교감을 폭행한 사건', '여중생이 여교사의 머리채를 잡고 폭행하여 상해를 입힌 사건', '학부모가 학생들 앞에서 교사를 폭행한 사건' 등은 교권침해에 대한 심각성을 다시 한번 일깨우는 계기가 되었다.

2012년도 마찬가지다. 언론을 통해 보도된 경기 성남의 한 초등학교에서 친구들과 싸우는 것을 말리던 58세 여교사가 손자뻘 초등학생에 의해 폭행당한 사건, 강원도 춘천에서 초등학생이 여교사를 폭행한 사건, 충북의 한 고등학교에서 수업 중 딴 짓을 하는 학생을 지도하는 가운데 어깨를 툭 쳤다는 이유로 여교사를 폭행한 사건, 대구의 한 중학교에서 담배 뺏긴 학생이 교감 선생님을 폭행한 사건 등 크고 작은 교권침해 사건들은 우리 사회와 교육계에 큰 충격을 안겨주었다.

정부는 이를 좌시하지 않고 2012년 8월28일 '교권보호 종합대책'을 발표하였다.

실제로 2013년도 교육부 국정감사 자료를 살펴보면, 최근 5년간 학교현장에서 교권침해 발생건수가 무려 1만9천844건으로 조사되었고, 학부모에 의한 교권침해 건수는 2009년 11건에 불과하던 것이 2012년에는 128건으로 무려 10배나 급증했다. 또 학생에 의한 폭행도 2009년에는 31건이었으나, 2012년에는 132건으로 3배 가까이 증가했다.

다음 해인 2014년 교권침해 사건은 전년인 2013년(394건)보다 439건으로 다소 증가한 것으로 나타났다.

학교에서의 잦은 교권침해 사건은 교사들의 교육력을 저하시켜 결국 전체 학생들이 피해를 입기 때문에 이를 개선할 수 있는 방안을 교육계는 정부에 적극 요구해 왔다.

학교 현장에서 교권침해 사건은 매년 증가추세를 보이고 있어 교원의 사기는 갈수록 저하되고 있다. 특히 학생들에 의한 교권침해

가 증가하는 것은 교실붕괴 현상이 어느 정도 심각한지를 잘 보여
주고 있다. 이는 최근 일부 시도교육청의 학생인권조례 제정과 체
벌 전면금지와도 전혀 무관하지 않다.

쿠빌라이 칸의
손자사랑

"요즘 아이들을 누가 키우나요?"

이렇게 물어보면 '할아버지'라고 말하는 며느리들이 많다는 우스갯 소리가 여기저기서 들린다. 할아버지의 재력이 아이들의 교육에 도움이 된다는 뜻이라고 한다. 기여하는 방식이 다르긴 하지만 우리 조상들은 자녀 교육뿐만 아니라 손주들의 교육에도 이렇게 관여했다.

이것은 자신의 자녀를 직접 가르치는 것이 그만큼 어렵다는 반증이기도 하다. 대신 자녀를 키우면서 이런저런 시행착오를 거친 할아버지와 할머니들의 손에 키워진 아이들이 잘 자라는 경우를 적지 않게 본다.

손주들을 직접 길러 성균관에 입학시키고 그 공부비법을 〈격몽요결〉이라는 책으로 묶어낸 율곡 이이 선생님을 비롯해, 유복자인 빌 클린턴 미국 대통령을 어려서부터 키워낸 외할아버지의 이야기도 기억할 만한 스토리다.

하지만 나는 몽골 제국의 번영을 본격적으로 이끈 쿠빌라이 칸의 손자사랑을 가장 높이 평가하고 싶다. 그가 양피에 남겼다는 손주에게 주는 글이 터키 이스탄불의 한 사원에서 발견됐는데, 글의 내용이 정말 교육적이어서 절로 무릎을 치게 만들기 때문이다. 여기 그 유명한 쿠빌라이 칸의 유언 몇 줄을 소개해 본다.

T.I.P

> "세상은 넓고, 사람은 많고, 기술은 끝없이 바뀐다. 아무리 어려운 난관에 부딪혀도 반드시 방법이 있음을 믿고, 아무리 하찮은 적이라도 우리와 다른 기술을 가지고 있을지도 모른다는 점을 한시도 잊지 말라. 내가 최고라고 자만하지 말라. 옆을 보고 앞을 보고 뒤를 보아라. 산을 넘고, 강을 건너고, 바다를 건너라. 세상을 살되 한 뼘이라도 더 넓게 살고, 사람을 사귀되 한 명이라도 더 사귀며, 기술을 배우되 한 가지라도 더 배워라. 상대가 강하면 너희를 바꾸고, 너희가 강하면 상대를 바꾸어라."

학생시절뿐만 아니라 세상을 살아가는 데도 쿠빌라이 칸이 말한 것처럼, 험난한 문제를 풀어야 하는 것이 인생일 것이다. 학교 성적이 높고 낮음이 중요한 것이 아니라 수학 연습문제를 푸는 것처럼 인생의 어려운 문제를 풀기위해서라도 아이의 태도는 굉장히 중요할 것이다.

그래서 이리저리 고민을 하다 답을 더 찾아보기로 했다.

"수학문제에 집착하고 쉽게 포기하지 않는 '끈기'가 가장 중요하다."

미국의 영재교육을 책임진다는 미국과학재단(NSF)이 오랜 세월 미국을 중심으로 한 전 세계의 위대한 인물들을 관찰한 결과 내린 결론이다.

아인슈타인이나 에디슨 같은 미국의 천재들은 지식이나 창의성도 뛰어났지만 특히 포기하지 않는 학습태도와 품성을 가지고 있었다는 것이다. 생각해보니 퀴리부인도 무려 8년이라는 긴 세월동안 포기하지 않고 꾸준하게 실험하여 8톤의 피치블렌드 광석에서 0.1그램의 라듐을 추출했고, 파스퇴르가 광견병 백신을 만든 것도 그가 뇌출혈로 쓰러져 반신불수가 된 후에 이루어진 것이었다.

뿐만 아니라 '불완전성 정리'로 우리의 자연관까지 변화시켰던 괴델은 강박신경증으로 고통을 받던 중에 위대한 업적을 이루어냈다.

평생 2000건이 넘는 발명을 한 에디슨도 마찬가지다. 5일에 한 건씩 발명이나 특허를 내기 위해 그는 하루 20시간 이상을 실험에 빠져있었다. 천재는 99%의 노력과 1%의 영감으로 이루어진다고 말했던 어린 시절 에디슨은 오늘날 교육심리학에서 말하는 전형적인 주의행동결핍증(ADHD) 아동이었다.

포기하지 않고 작은 성취를 통해 자신감을 얻고 사회가 필요로 하는 사람으로 자라나기 위해 우리 아이들에게 꼭 이렇게 말해주고 싶다.

"공부를 열심히 해보자. 하루에 한 문제씩 꾸준히 풀어보는 것이 어떨까?"

'불영과불행(不盈科不行)'이란 한자성어가 있다. 물이 흐르다 구덩이를 만나면 그 구덩이를 다 채운 다음에야 앞으로 흘러간다는 뜻이다. 공부를 하다가 구덩이를 만나 모르는 것이 있는데도 그냥 지나치는 습성이 쌓이면 공부하는 습관과는 담을 쌓게 된다. 그래서 모르는 문제를 만나게 되면 반드시 따로 오답문제집을 만들어 같이 풀어보는 것이 학습에 도움이 되는 것이다.

물론 집에서 부모가 도와줄 수 없는 어려운 문제는 학교 선생님이나 학원 선생님에게 물어 꼭 깨우쳐야 할 것이다. 우리 아이들에게 잔소리를 한 번 더 해보기로 했다.

"오늘 할 일을 내일로 미루지 마라. 아침에 할 일을 저녁까지 미루지 말고 해가 뜬 동안 해야 할 일을 저녁까지 미루지 마라."

다산 정약용 선생님이 자신의 두 아들에게 편지를 띄워 강조한 말이다. 이것은 '근면'의 중요함을 강조한 것이다. 흐르는 물처럼 매일 매일 끊어짐 없이 해야 할 일을 습관으로 만들어 가면 반드시 좋은 일이 있다는 것이다.

쿠빌라이 칸이 말한 학습의 왕도는 '태도'의 중요성을 강조한 것이라고 할 수 있다. 이런 태도를 잘 형성시켜 주는 것이 교사다.

인류 역사 이래 책에 쓰인 내용을 잘 이해시켜 주는 것은 사실 교사의 기능이라고 말할 수 있다. 교사는 그 개념의 올바름을 계속 이해시켜 주는 보조자 역할을 하는 것이고, 내면화는 학생 스스로 하는 것이다. 이것을 가르침과 학습(teaching & learning)이라고 하는 것으로, 억지로 주입한다고 되는 것이 아니라 천성과 후성의 노력에 의해서 자신이 내면화하는 과정을 거쳐야 하는 것이라고 말할 수 있다.

그것을 올바른 개념으로 잘 인도하는 역할을 하는 것이 교사이고, 그 길을 가는 것이 인성교육이라고 할 수 있다. 올바른 개념을 체득하는 것이 인성교육이기 때문에 논리적으로 지식교육과 인성교육은 따로 있는 것이 아니라고 봐야 한다.

가장 기초기본이 되는 교육은 계속 개념을 암기하고 배우고 반복해서 올바를 때까지 글씨를 써 내려가는 것이라고 생각한다. 그런데 우리는 지금 글씨를 함부로 쓰는 경향이 있다. 이것은 개념이 올바로 이해가 된 교육이 아니라고 할 수 있다.

우리 교육은 세계사적으로 분명히 예측되는데, '기본으로 돌아갈 것'(Back to the basics)이라고 나는 믿는다. 지금은 컴퓨터와 지식, 효율성의 사회라고 하지만 시간이 지날수록 근본으로 돌아가자는 운동이 벌어질 것으로 예상되기 때문이다. 그래서 정자로 올바른 글쓰기를 해야 하는 것이다.

컴퓨터를 잘 활용하는 것도 좋지만 나는, 아이들의 두뇌를 살아

있게 하고 계발시키려면 글씨 쓰기만큼 좋은 교육은 없다고 주장하는 사람이다.

일본의 초등학교와 중학교, 고등학교를 가보면 여전히 교사들이 컴퓨터가 있는데도 불구하고 판서도 하고, 직접 손으로 문서 작성을 하는 것을 심심치 않게 보게 된다. 요즘 아이들은 보고 듣는데 급급한 감각적 학습에만 익숙해져 자기 성찰과 내면화에 서툴다. 그러다보니 인성교육이 안 되고, 소크라테스의 표현대로 '배부른 돼지'가 되는 경우가 허다한 것이다.

이런 부작용으로 아이들은 치열한 자기 수련을 쌓는 것은 고사하고 엄마가 수행평가를 대신해 주는 상황마저 당연한 듯 받아들이고 있다.

이런 부분에 대해 통렬하게 "진정한 참교육은 어디 있는가? 바로 인성교육에 있다!"란 제자(題字)로 교육계가 자기반성을 해야 한다고 생각한다.

특히 교사는 그 자체가 인성교육의 내용이자 방법이라는 점에서 누구보다 그 책무가 중하다. 인성교육을 하기에 교원은 학원강사와 차원이 다른 진정한 전문직이며 공교육의 주체로 자리매김할 수 있는 것이다. 교사의 존재 이유는 지식만을 전달하는 기능인이 아니라 교사 존재 자체가 인성교육이라는 것을 한시도 잊어서는 안된다.

큐레이션
선생님

자녀를 키우는 부모나 학교 선생님은 경기도 과천 서울대공원에 가면 꼭 만나보라고 권유하고 싶은 사람이 있다. '동물 큐레이터'다.

박물관에 가면 '학예사'가 있다는 것쯤은 누구나 알고, 미술관에 가면 전시기획을 담당하는 사람이 '큐레이터'라는 것을 누구나 한번 쯤은 들어서 알 것이다. 하지만 동물원에도 '큐레이터'가 있다는 사실을 아는 사람은 많지 않다.

동물 큐레이터가 하는 일은 간단하다. '종(種) 보존'이다. 노아의 방주에 지구상의 여러 동물들이 한 쌍씩 들어가 생명을 유지한 것처럼 서울대공원은 대한민국에서 동물들의 종 보존을 위해 개체수를 유지하고 각종 동물 보존 정책을 실행하는 곳이다. 이것이 서울

대공원 동물원의 가장 기본 기능인 것이다.

이것은 교육계에도 시사하는 바가 크다. 학교는 인류를 보존하기 위해 미래세대를 가르치고 보존하는 곳이기 때문이다. 따라서 학교의 교사와 동물원의 큐레이터가 하는 일은 속을 들여다보면 비슷하게 참고할 만한 것들이 많다.

동물원 큐레이터가 하는 활동을 한 마디로 정의하면 이런 것이다. 동물들을 풍부하게 하라! 이것을 '동물 풍부화' 프로그램이라고 한다.

동물 큐레이터는 출근하면 동물 풍부화 프로그램의 일환으로 제일 먼저 동물들의 얼굴 빛을 살핀다. 어디 아픈 곳은 없는지 심리적으로 위축돼 있지는 않은지 낯빛부터 살피는 것이다. 이어서 낯선 환경에서 잘 적응할 수 있도록 잠자리를 돌보는 전시환경을 살핀다. 이것을 '전시환경' 풍부화라고 말한다. 동물들이 거주하는 곳이 거북하면 동물들은 스트레스를 받아 사육사나 관람객들에게 공격적인 성향을 보이기 쉽다. 사육사를 물어 죽인 호랑이와 사자 이야기들이 이와 무관하지 않다.

큐레이터들은 동물들이 외로워하지 않도록 천적 관계가 아닌 동물들을 한 우리에 넣어주는가 하면, 물 마시는 것을 힘들어 하는 기린을 위해 물을 천장에 매달아 놓기도 한다. 기력이 약해진 원숭이의 호기심을 자극하기 위해 향신료를 넣은 봉투를 여기 저기 숨겨 놓기도 한다. 열심히 뛰어놀아야 원기를 회복하기 때문이다. 이런 모든 활동이 동물 풍부화 프로그램인 것이다.

풍부화 프로그램은 이것 뿐만이 아니다.

동물 큐레이터는 관람객을 직접 참여시켜 동물과 교감을 하게 하고 이를 통해 동물의 활동량까지 늘려 모두를 만족시키는 상호교감 풍부화 프로그램도 진행한다. 관람객이 터치스크린의 지시에 따라 침팬지들의 인사법을 잘 듣고 따라하면 유사도에 따라 먹이퍼즐통에 담긴 특별먹이가 침팬지에게 주어진다. 침팬지는 머리를 써야 퍼즐통에 담긴 먹이를 꺼내 먹을 수 있다.

고릴라와 몸무게 대결을 벌여야 하는 풍부화 프로그램도 재밌거리다. 관람객 두 명 정도가 저울 위에 올라가 버튼을 누르면 저울이 올라가면서 몸무게를 측정한다. 고릴라의 몸무게와 차이가 크면 관람객에게 벌칙용 바람이 뿜어져 나오고, 몸무게가 오차범위 이내에 들면 고릴라에게 특별 먹이가 주어진다. 고릴라는 퍼즐통에 담긴 먹이를 먹기 위해 머리를 써야 하고 관람객의 움직임에 따라 적극적으로 반응하게 된다.

자전거 페달을 돌려 사자의 먹이통을 움직이게 한다든지, 관람객이 레버를 돌려 물레방아를 돌리면 미꾸라지가 들어있는 먹이통의 수문이 열리고 황새는 미꾸라지를 기다리는 장면도 관람객과 동물의 상호교감을 촉진시키는 귀중한 아이디어다.

이런 풍부화 프로그램을 고안하고 실행하는 전문 직종이 '동물 큐레이터'인 것이다.

'동물 풍부화 프로그램'은 집에서 함께 사는 동물에게도 아주 유용하다. 집에서 키우는 애완견도 사람처럼 운동이 부족하면 비만이나 당뇨 같은 성인병을 앓게 되기 때문이다. 따라서 먹이는 물론 보금자리를 살펴주고 장난감 등을 주거나 산책을 같이 하면서 신체적인 것 뿐만 아니라 정신적으로도 풍요로워질 수 있게 해야 한다.

동물원 '큐레이터'의 역할은 학교에서 아이들을 가르치는 교사들에게도 깊은 영감을 준다. 학생들의 참여를 높이기 위해 수업방법을 개선하고, 학생들의 인성함양을 위해 다채로운 프로그램을 기획하는 것이 같은 원리이기 때문이다.

동물 풍부화 프로그램처럼 아이들의 감성을 풍부하게 하고 인성을 함양시키기 위한 교사들의 풍부화 프로그램도 교육현장 곳곳에서 생겨나고 있다. 서울 대왕중학교 백대현 교사가 꼭 그런 경우다.

이 학교 상훈이는 몸을 움직이는 걸 싫어하는 아이였다. 체육 시간에도 가만히 앉아 있는 날이 많았다. 그런 상훈이를 백 교사는 유심히 관찰했다. 상훈이는 악어 지우개를 가지고 놀기를 좋아했다. 백 교사가 물었다.

"상훈이는 파충류를 좋아하는구나. 파충류 동아리를 만들어서 한 번 같이 키워보는 건 어떨까?"

"네, 해볼래요." 상훈이의 들뜬 목소리가 돌아왔다. 자유학기제를 갓 시작한 대왕중학교에 첫 번째 자율동아리인 '파충류를 사랑하는 모임(이하 파사모)'이 탄생하는 순간이었다.

하지만 백 교사의 고민이 시작됐다. 자율동아리를 어떻게 운영할지가 걱정이었다. 먼저 상훈이처럼 파충류에 관심 있는 학생을 모집했다. 생각보다 많은 아이들이 모였다. 파충류가 필요할 때 즈음, 상훈이 어머니는 자동 온도조절이 가능한 사육장과 사료, 그리고 이구아나 두 마리를 학교에 선물했다. 청룡이, 황룡이라는 이름도 지어줬다. 상훈이와 청룡이, 황룡이, 동아리 친구들은 그렇게 만났다.

좋아하는 파충류와 함께한 한 학기. 시간이 흐르자 상훈이의 학교생활이 달라졌다. 몸을 움직이는 걸 싫어하던 아이는 체육 시간에도 땀을 흘리며 수업에 참여했다.

쉬는 시간이면 파충류인 이구아나를 어깨에 얹고 있는 상훈이는 학교에서 스타덤에 올랐다. 파충류와 함께하는 학교생활을 통해 친구들과 어울릴 시간이 많아지면서 친화력도 늘었다. 인기 있는 학생이 된 것이다.

파사모에 함께하는 친구들이 있다. 이동하와 김상현, 김준영이 그들이다. 이들의 이야기를 들어보자.

"상훈이는 동물과 교감 능력이 특별해요. 다른 친구들은 이구아나가 물고 긁고 해요. 다루기가 쉽지 않은데, 상훈이는 달라요."

파사모 친구들은 상훈이에게서 동물과 함께하는 교감 능력을 배운다. 교학상장(敎學相長)이란 말은 이런 경우를 두고 하는 말이다. 꿈도 커졌다. 3월만 해도 상훈이가 보는 세상은 좁았다. 처음엔 이구아나가 마냥 좋아 '파충류 보호사'가 되고 싶었지만 생각의 범주가 넓어졌다. 동물과 관련된 모든 것에 흥미를 느끼기 시작한 것이다. 이런 상훈이의 변화에 정작 놀란 것은 백 교사다.

"상훈이는 자연 생태에 대한 지식이 풍부해요. 함께 대모산에 갔을 때 숲 해설사가 말하길 상훈이가 대답을 제일 잘한대요. 나무, 벌레, 꽃 등 생물에 대한 호기심이 많은 거죠. 어린이대공원에 '사육사 진로체험'을 다녀왔는데 질문이 가장 많고 대답도 잘하더라고요. 동물, 자연, 생태에 관심이 많아요."

백 교사의 말처럼 상훈이가 가장 좋아하는 과목은 과학이다. 매사에 수동적이고 자신감이 없던 상훈이는 자유학기제를 거치면서 동물 치료사와 생태환경 연구원 같은 꿈을 가지게 됐다. 11월 넷째 주엔 파충류들이 많은 희귀 애완동물 카페에 체험학습을 하러 간다. 체험학습 이야기만 해도 아이의 눈망울이 반짝인다. 친구들의 눈에도 상훈이의 변화는 쉽게 감지된다.

"수업 태도가 많이 달라졌어요. 선생님한테 칭찬도 많이 듣고, 상장도 꽤 받아요. 수업 시간에 발표도 많이 해요. 과학수업에 관심이 많은 것 같아요"라고 답한다. 상훈이도 인정한다.

"예전에는 주로 따지는 식으로 말했는데 지금은 그렇지 않은 걸 저도 느껴요."

같은 반 학생들의 이야기를 종합해 한 줄로 정리하면 상훈이에겐 이런 능력이 생겼다. '다른 사람을 이해하는 능력'이다. 파사모 활동을 하면서 친구들이랑 이야기하면서 양보하는 습관이 늘었다는 것이다. 당연히 친구 관계가 원만해졌다.

이처럼 백대현 교사가 시행한 자율동아리의 장점은 학교생활에 흥미를 못 느끼는 학생들에게 관심과 적성을 찾아 즐거운 학교생활을 꿈꾸게 하는 것이다. 집에서 노는 것보다 학교에 오는 것이 더 좋다고 말하는 아이들. 학생들의 얼굴에 즐거움이 가득해 보인다.

성과는 이것만이 아니다. 두 번째 성과는 멘토와 멘티 관계가 교사와 학생에서 학생과 학생사이까지 넓어졌다는 것이다. 백 교사는 학생들 스스로 경험할 수 있도록 배려했다. 멘토-멘티 학생 모두 자기 주체성을 가지고 주도적 활동을 할 수 있도록 말이다.

"자율동아리를 결성하면 학생들끼리 활동해요. 교사는 옆에서 무엇이 옳은지 그른지 알려주기만 하죠."

꾸준하게 열심히 활동하면 학교장 상도 부여한다. 아이들의 '자존감'이 높아지는 건 당연하다. 백 교사는 자율동아리를 통해서 자기주도 활동이 가능하도록 돕고, 아이들은 이런 활동을 통해 스스로의 꿈을 키워간다. 이런 활동은 자연스럽게 진로체험 학습으로 이어졌다.

상훈이 말고도 사례는 더 있다. 숫기가 없어 다른 친구들과 어울리지 못하는 학생이 있었다. 백 교사는 어떻게 해결할 방법이 없을까 고민하다가 직업체험을 생각해냈다. 그 학생이 무엇에 흥미가 있는지, 하고 싶은 일이 무엇인지 알아보니 '제과제빵'에 관심이 많다는 것을 알게 됐다.

우선 같은 진로체험을 원하는 아이들을 모집했다. 신청받은 아이들 중에서도 같은 반 친구들을 데리고 가도록 했다. 학생들에겐 자신이 속한 반이 하나의 사회나 마찬가지다. 그 아이는 올해 5~6차례 정도 진로체험을 한 뒤 상훈이처럼 친구들과 가까워졌다.

진로나 직업을 위한 체험도 중요하지만 아이들 사이의 정서적인 교류는 더욱 중요하다. 아이들 또한 진로체험이 직업적 경험만이 아니란 것을 알게 됐다. 사회성을 길러주는 매개체, 도구가 된 것이다. 진로체험을 통해 사회성과 친화력도 기른다.

"제가 추진하는 진로체험은 다른 선생님들과 다른 점이 있어요. 진로체험을 경험할 때 그 직업만을 보는 게 아니라 더 넓은 사회를 봤으면 하는 거죠. 만약 수의사 직업체험을 원한다면 수의사가 단순히 어떤 일을 하느냐에 초점을 맞추는 게 아니라 그 직업으로써 사회에 기여할 수 있는 활동을 보여주는 거예요. 그래서 지난달에 유기동물을 보살피는 수의사분과 함께 유기동물 지원센터를 찾았어요. 아이들이 커서도 사회 기여 활동에 앞장섰으면 좋겠다는 생각에서요. 사회를 바라보는 시선이 따뜻해야죠."

진실한 마음이 전해진 걸까. 백 교사가 집무하는 Wee Class(진로교육실)엔 학생들이 가득하다. 백 교사와 이야기를 나누는 아이들의 얼굴엔 웃음이 떠나질 않는다.

"저는 진로교사가 적성에 맞아요. 아이들이 자신의 꿈을 표현할 때 굉장히 행복하거든요. 교사는 학생의 가려운 곳을 긁어줘야 한다고 생각해요. 그러기에 학생마다 각기 다른 맞춤 체험 프로그램이 필요한 거죠. 자신의 적성과 흥미에 맞는 경험을 한 아이들은 또 다른 성장을 해요. 그런 걸 보면 보람을 느끼죠. 그래서 오늘도 체험 프로그램을 개발하러 나갑니다."

학부모도 얼마든지 '큐레이션' 선생님이 될 수 있다. 임천숙씨가 그런 경우다. 올해 20살 된 경미와 19살 된 찬미 그리고 12살 된 혜미 이렇게 세 딸을 둔 평범한 가정주부이자 동네 미용실의 주인이다.

그는 경북 구미시 황상동에 15년째 작은 미용실을 운영하고 있다. 방 2개, 화장실 1개, 주방 1개 그리고 거실은 미용실로 쓰이는 24평짜리 생계형 미용실이다. 그런데 미용실 이름부터가 특이하다.

첫째 딸과 둘째 딸의 가운데 이름에서 찬과 경을 따고, 자신의 이름 한 가운데 글자까지 덧붙여 만든 '천 · 찬 · 경 미용실'이다.

그녀는 자신의 미용실을 어떻게 운영하는 것일까? '수다'라고 할 수 있다. 미용실하면 어련히 아줌마들의 수다를 생각하기 마련이지만 임천숙씨가 운영하는 미용실은 좀 다르다. 동네 아이들이 모여 수다를 떤다. 그것도 여자 아이들보다 남자 아이들이 더 많다. 행동 특성상 남자 아이들은 떼로 몰려다니기 때문이다.

천숙씨는 그런 아이들을 내쫓지 않고 함께 놀아준다. 아이들은 이곳에 들러 머리를 깎기도 하지만 대부분 쉬기 위해 찾아온다. 아니 이제는 천숙씨와 놀기 위해 찾아온다. 천숙씨와 둘도 없는 수다 친구다.

그냥 아이들이 찾아와 하루 종일 미용실에만 처박혀 있는 자신과 말동무가 되어주는 것이 고마웠다고 말하는 그녀. 그래서 라면을 끓여주기도 하고, 졸린 아이들은 쇼파에서 잠을 재워주기도 했을 뿐이다. 이제는 그마저 찾아오는 아이들이 많아져 룰을 정했다. 라면은 스스로 끓여 먹어야 하고, 설거지도 스스로 해야 하며, 필요하면 빈 방에서 잠을 자도 되지만 청소는 물론 잠자리도 자신들이 깨끗하게 정리해야 한다.

천찬경 미용실은 그렇게 동네 아이들의 수다방으로 자리를 잡아갔고 이제 아이들이 가장 가고 싶어하는 '그곳'이 됐다. 일종의 쉼터인 셈이다.

"그냥 있는 그대로 봐주시면 됩니다." 아이들을 돌보게 된 계기를 묻자 그녀는 무덤덤하게 받아넘겼다. 그리고 아주 중요한 이야기를 해 주었다.

"잔소리를 하지 않고 그냥 아이들의 이야기를 들어줍니다." 그리고 "아이들 얘기를 들으며 맞장구를 쳐주지요."

아이들은 그녀에게 요즘 유행하는 가요부터 연예인 이야기를 들려준다. 아이들이 좋아하는 게임은 무엇인지 그리고 학교에서 그날 그날 벌어진 일들을 정리해 뒷담화로 풀어놓는다. 천숙씨는 그런 아이들의 이야기가 그저 재미있기만 하다.

그녀의 이야기는 계속 된다. "이제는 아이들이 저와 놀아줍니다. 제 마음을 알아주는 아이들이 고마워서 어느새 아이들의 친구가 된

겁니다." 아이들도 그런 마음을 알았는지 천찬경 미용실에만 오면 철 든 행동을 보인다는 것이다.

공부 못하는 남자 친구와 만난 첫 딸도 엄마의 마음을 알았는지 알아서 공부하기 시작했단다. 물론 딸의 마음을 알아주는 그 남자 녀석도 함께 성적이 오르고 있단다. 매일 밤 늦게 집에 돌아와 던지는 첫마디. "공부했니?" 그리고 "숙제는?" 이런 질문밖에 할 줄 모르는 아빠들이 새겨들을 만한 이야기다.

그냥 아이들과 놀아주면서 아이들의 이야기를 들어주기만 하면 되는 것이다. 그것이 '아이들과 노는 방법'이란 것을 천찬경 미용실 주인이 알려주고 있는 것이다.

아빠와 엄마의 권위적인 생각에 짓눌려 버린 아이들이 제 방문을 닫고 들어가 은둔형 외톨이인 '히키코모리'가 되는 것이 두렵다면, 오늘부터는 아이들의 입장에서 눈높이를 맞추고 아이들의 친구가 되어주는 것부터 시작해야 한다. 그것이 청소년 문제를 풀어나가는 가장 쉬운 방법이 된다는 것을 임천숙씨로부터 배우는 것이다.

이제 갓 중학교에 입학한 1학년 학생들은 어리광을 부리기 쉽다. 중학교에서 막내이기 때문이다. 하지만 서울 당산중학교 독서동아리 '포도송이'는 이런 고정관념을 깼다. 독서동아리 학생들을 중심으로 인근 유치원에 봉사활동을 나가 유치원 아이들에게 책을 읽어주게 한 것이다.

아이들은 금새 의젓해졌다. 동화구연을 위해 며칠을 걸려 몸동작을 배우는가 하면 스스로 동화책을 외우고 암송하면서 유치원생들이 가장 좋아하는 '스토리 텔러(Story-teller)'가 된 것이다.

이 학교의 교사들이 중학교 1학년 학생을 마냥 막내로만 대접하고, 인근 유치원에 나가 책을 읽어주는 봉사활동을 연결시켜주지 못했다면 경험할 수 없는 성장기인 것이다.

이런 모든 노력들이 대한민국 학교에서 일어나고 있는 '인성교육'의 대표적인 사례들이라고 해도 과언이 아니다. 내가 교사생활을 하던 1980년대의 경험도 그것과 맞닿아 있다.

자아존중감(self-respect)이 어느 정도 전제돼 있었지만, 그 당시에도 최초의 남녀합반 실험학교에서 체육 선생님이 공립학교 담임이 됐다고 여학생 학부모들은 이미 폄하를 하고 있었다.

숙명여대 대학원장까지 한 어떤 어머니는 교육심리학 전공자로 상담심리학을 공부하신 분인데 대부분 한 달 만에 상담을 하러 담임 교사를 찾아오는데, 체육 선생님을 만나봐야 소용이 없다고 생각했는지 오지를 않았다. 그러다가 석 달 만에 자녀가 만나보라고 해서 왔다며 상담을 신청했다.

나는 담임 교사로서 그 어머니와 상담을 하면서 설복(說伏)시켰다. 왜냐하면 혼신의 힘을 다해 2시간 동안 아이에 대해 그동안 관찰하고 느낀 것을 집중해서 이야기 하니까, 미국에서 박사학위까지 받은 어머니께서 "제가 초등학교 때부터 지금까지 총 9명의 담임 선생님을 만났는데, 아들에 대해서 지금까지 듣지 못한 부분을 어떻게 3개월 만에 그렇게 이야기하느냐"며 입을 다물지 못했다.

내가 "학생에게 사랑을 주었다"고 이야기하자 그 어머니는 담임 교사를 다르게 보기 시작했다. 나는 5년 6개월 동안 담임으로 교사 생활을 하면서 매일 아침 7시50분부터 1시간 동안 자학 자습 활동을 했다. 그 시간 동안 교실 뒷편에서 1번부터 72번까지 공부하는 학생들의 모습을 지켜보고 바라보며 관찰하기를 게을리하지 않았다.

당시에 아이들을 위해 무엇을 했는가를 생각해 봤더니, 그것이 담임 교사로서 인성교육을 진행한 것이라고 생각한다. 체육 교사로서 체육적인 지식을 많이 주어서 그 어머니가 감복을 한 것이 아니라, 그 아이의 학교생활을 애정을 가지고 관찰하고, 알게 된 심성을 부모에게 종합해서 이야기를 해 줌으로써 교사와 학부모가 '신뢰'를 가지게 된 것이다.

내면을 파악하고 외현의 행동을 관찰해서 행동적 습관의 문제를 지적하니까, 부모가 자식과 매일 같이 살면서도 깨닫지 못한 부분을 깨닫게 해 주어 감복을 하게 된 것이다.

당시 알게 된 학부모와 나는 지금도 좋은 인연을 이어가고 있다. 애경사는 물론 힘든 일이 있을 때는 서로 연락하는 이웃처럼 가까운 사이가 된 것이다. 이런 것이 '관계'라는 것이다.

이런 관계맺기를 통해 교사는 존재만으로도 '인성교육'의 살아있는 화신이 될 수 있다. 이런 관계맺기는 기본적인 사랑을 전제로 하는 것이다. 애정이 없으면 관심이 없는 것이다.

인성교육의 핵심은 교사의 전문직주의가 지향해야 할 핵심 컨셉이기도 하다. 교사의 전문성이란 담당 교과를 잘 가르치는 능력이기도 하지만, 중요한 것은 학생과의 관계, 학생을 바라보는 마음에 진정성이 있어야 한다.

교사가 학부모와 학생에게 존중받아야 되는 힘은 지식이 아닌, 아이들을 사랑하는 마음, 즉 애정에 있다는 것을 나는 그때부터 깨닫게 되었다. 그 마음을 꿰뚫으면 인성교육이 되는 것이다.

내 인생의
거울

영화 '쥬라기 공원'으로 유명한 하와이 카우아이 섬!

그러나 1950년대만 해도 이 섬은 한 인간이 태어나서 겪을 수 있는 불운이 모두 모여 있는 곳이었다. 이 섬의 아이들을 대상으로 세계적으로 전무후무한 연구가 있었는데, 1955년에 태어난 신생아 833명 가운데 698명의 성장과정에 대해 30년이 넘도록 진행된 종단연구가 그것이다.

그러나 결론은 다소 뻔했다. 결손 가정의 아이들일수록 사회적응이 힘들었고, 부모의 성격이나 정신건강에 결함이 있을 때 아이들에게 나쁜 영향을 끼치며, 부모나 동료와의 관계가 좋을수록 아이들은 자율성과 자기효능감이 좋다는 것이었다.

그런데 한 심리학자가 그 중 가정환경이 극단적으로 열악한 201명을 추려서 다시 분석한 결과, 여전히 많은 아이들은 성장과정에서 문제를 일으켰지만 3분의 1에 해당하는 72명은 전혀 문제없이 성장한 사실을 발견했다.

　이러한 사실은 그에게 매우 당혹스러운 수수께끼였다. 성장한 환경이 극도로 열악하다면 마약중독자나 소년범, 아니면 사회부적응자가 돼야 당연한데, 72명은 모두 이런 상식에 온몸으로 저항하듯 놀라울 정도로 밝고 명랑한 성인으로 자랐기 때문이다. 열악한 환경이 아무렇지도 않다는 듯 훌륭하게 성장한 그들에게는 어떤 비밀이 있는 것일까?

　고위험군 중 3분의 1에 해당하는 72명은 유복한 가정의 아이들 못지않게 모범적이고 진취적으로 성장했다. 학교 성적도 우수했고, 삶에 대해 긍정적인 마인드를 지니고 있었으며 도덕적인 면에서 칭찬을 받고 있었다.

　연구를 주도한 에미 워너는 이들에게서 아주 특별한 공통점이 있다는 것을 발견했다. 그것은 이들 어린이의 성장 과정에서 이들의 입장을 이해해 주고 응원해 준 어른이 한 명 이상은 있었다는 점이다.

　에미 워너는 진심 어린 어른들 때문에 아이들은 절망 속에서도 희망을 찾는 '회복탄력성'을 스스로 키울 수 있었다고 진단했다. 그는 부모가 여의치 않으면 조부모, 삼촌, 이모 등이 기댈 언덕이 돼

줬다고 강조했다.

의지할 가족이 없는 어린이에게는 이웃이나 성직자, 선생님 등이 그 역할을 해 주었다는 것이다. 이 같은 회복탄력성을 거론할 때 대표적으로 등장하는 인물은 빌 클린턴 전 미국 대통령과 오바마 현 미국 대통령이다. 빌 클린턴의 의붓아버지는 어머니를 자주 폭행했으며 아들에게도 손찌검을 했다.

하지만 그에게는 조부모가 있었다. 자애로운 조부모는 늘 그를 꼭 끌어안아 주었다. 오바마에게는 어머니 앤 던햄(Ann Dunham)이 있었다. 그녀는 사춘기 아들에게 "너는 아버지의 우수한 두뇌와 성격, 그리고 뛰어난 리더십을 물려받았다"고 칭찬하면서 응원했다. 혼혈아로서 자신의 정체성에 대해 고민할 때는 '흑인이라는 사실은 강한 자만이 짊어질 수 있는 영광의 짐이자, 위대한 유산'이라고 가르쳤다.

아이들에게 따뜻한 '격려와 지지'의 한 마디는 이렇게 기적을 만들어 낸다. 가족과 주위의 살가운 정이 아이들을 스스로 일어서게 하는 것이다. 질책보다는 칭찬과 응원이 놀라운 변화를 가져왔다는 사실에 주목해야 한다.

이런 관계를 잘 이어주는 접착제가 칭찬과 응원의 말이고 이런 관계에서 내 인생의 거울이 되어주는 사람이 나를 지지해주는 사람, 선생님인 것이다.

선생님처럼 아이의 인생에서 거울이 돼주는 사람은 '어머니'다.

로드(Lord)는 자아확장 실험을 통해서 사람들이 어머니와 자기를 동일시한다는 것을 알아냈다. 사람들은 자기와 관련된 단어보다 타인과 관련된 단어를 더 많이 기억하는 경향이 있는 데, 어머니와 관련된 단어는 나와 관련된 단어와 같은 수준으로 기억하고 받아들였다. 어머니를 자기와 동일시하고 아버지는 다른 사람처럼 취급한 것이다.

해리 할로우(harru Harlow)도 가짜 원숭이 어미 실험을 통해 아기는 엄마의 따뜻한 품과 스킨십을 통해 사랑을 먹고 자란다는 것을 밝혀냈다. 어린 원숭이들은 젖 때문이 아니라, 따뜻한 품 때문에 어머니를 찾는다는 것이다.

어머니의 따뜻한 품에서 자라지 못한 원숭이들의 뇌에서는 감정적 불안, 학습과 기억능력의 현저한 저하현상이 발견됐고 뇌가 발달하지 못해 쪼그라드는 현상이 두드러졌다.

어릴 때 부모로부터 사랑을 받고 자란 사람은 타인에게도 사랑을 베풀 줄 알지만 어릴 때 부모와의 애착이 부족한 사람은 자신의 자녀에게도 사랑을 베풀지 못했다.

한 사람의 인격은 그 사람 주변에 있던 선생님과 어머니에 의해 심지어는 지능까지도 만들어지는 것이다. 그래서 '내 인생의 거울'이 되는 사람들이라는 표현을 쓰는 것이다.

내 인생의 거울이 되어주는 또 다른 존재가 있다면 그것은 '친구'일 것이다.

미국인 7000명을 대상으로 한 9년 간의 추적조사에서 아주 흥미로운 결과가 나왔다. 흡연과 음주, 일하는 스타일, 사회적 지위, 경제상황, 인간관계 등에 이르기까지 조사한 끝에 의외의 사실이 밝혀진 것이다.

그것은 담배나 술, 경제적 지위, 경제상황 등이 수명에 결정적 요인은 아니었다는 점이다. 반면 오랜 조사 끝에 마침내 밝혀낸 '장수'하는 사람들의 단 하나의 공통점은 놀랍게도 '친구의 수'였다.

즉, 친구의 수가 적을수록 쉽게 병에 걸리고, 일찍 죽는 사람들이 많았다는 것이다.

인생의 희로애락을 함께 나누는 친구들이 많고 그 친구들과 보내는 시간이 많을수록 스트레스가 줄며, 더 건강한 삶을 유지하였다.

친구란, 환경이 좋든 나쁘든 늘 함께 있었으면 하는 사람이다. 제반 문제가 생겼을 때 저절로 상담하고 싶어지는 사람이다. 좋은 소식을 들으면 제일 먼저 알리고 싶은 사람이다. 다른 사람에게 밝히고 싶지 않은 일도 말해주고 싶은 사람이다.

친구의 장점은 이밖에도 많다. 마음이 아프고 괴로울 때, 의지하고 싶은 사람이다. 쓰러져 있을 때, 곁에서 무릎 꿇어 일으켜주는 사람이다. 슬플 때, 기대어서 울 수 있는 어깨를 가진 사람이다. 내가 울고 있을 때 그의 얼굴에도 몇 가닥의 눈물이 보이는 사람이다. 내가 실수했다 하더라도 조금도 언짢은 표정을 짓지 않는 사람이다.

필요에 따라 언제나 진실된 충고도 해주고 위로도 해주는 사람이다. 갖고 있는 작은 물건이라도 즐겁게 나누어 쓸 수 있는 사람이다. 나의 무거운 짐을 조금이라도 가볍게 해주는 사람이다. 친구란 서로 재거나 비판하지 않고 이기적이지 않은 사이, 그저 말만 같이 해도 같이 마음이 좋아지는 사이다.

사람은 운좋게 60세에 퇴직한다고 해도 40년을 더 살아야 한다. 적당한 경제력과 건강이 받쳐주지 않으면, 그 긴 세월이 고통의 시간이 될지도 모른다. 돈과 건강을 가졌다고 마냥 행복한 것도 아니다. 부와 지위가 정점에 있던 사람들조차 스스로 몰락하는 일을 우리는 최근 몇 년 사이에도 적지 않게 봐 왔다.

서로 아끼고 사랑하는 주위 사람들과 함께 하는 인생이 없다면, 누구든 고독의 말년을 보낼 각오를 해야 한다. 우리는 지금껏 앞만 보고 달려오느라 공부 잘하는 법, 돈 버는 법에는 쫑긋 귀를 세웠지만, 친구 사귀는 법은 등한시했다. '인생'을 가르치는 학교가 더욱 절실하게 필요한 이유이다.

그렇다면, 이제 무엇을 어떻게 해야 하는 것일까?

첫째, 친구에게 먼저 연락해야 한다. 우테크는 재테크처럼 시간과 노력을 들인만큼 성공 확률도 높아진다. 우연히 마주친 친구와 '언제 한번 만나자'는 말을 뒤로하고 돌아설 것이 아니라, 그 자리에서 점심 약속을 잡는 편이 나을 것이다. 아니면 그 다음날 전화나 이메일로 먼저 연락을 하는 것이 좋다.

둘째, 기꺼이 봉사하는 직책을 맡아 보자. 평생 '갑'으로 살아온 사람일수록 퇴직하면 더 외롭게 지내는 것을 종종 본다. 항상 남들이 만나자고 하는 약속만 골라서 만났기 때문이다. 날짜와 시간을 조율하고 장소를 예약하고 회비를 걷는 일은 성가시다. 그러나 귀찮은 일을 묵묵히 해낼 때 친구는 늘어난다.

셋째, 젊은 친구들을 많이 만나 보라. 젊은 친구들과 함께 영화도 보고 문자 메시지도 교환하라. 자기 나이보다 스무살 이상 적은 사람도 언제나 존댓말로 대하고 혼자서만 말하지 않는 것이 좋다. 교훈적인 이야기로 감동시키려 들지 말고 가끔씩은 피자나 치킨을 대접하는 것도 좋다.

넷째, 매력을 유지하라. 항상 반짝반짝하게 잘 씻고, 가능하면 깨끗하고 멋진 옷을 입어라. 동성끼리라도 매력을 느껴야 오래 간다. 후줄근한 모습을 보면, 내 인생도 함께 괴로워진다. 육체적 아름다움만 매력이 아니다. 끊임없이 책도 읽고, 영화도 보고, 새로운 음악도 들어야 매력 있는 대화 상대가 될 수 있다.

다섯째, '우테크' 1순위 대상은 배우자다. 가장 많은 시간을 보내는 집안에 원수가 산다면 그것은 가정이 아니라 지옥이다. 배우자를 영원한 동반자로 만들기 위해 우선 배우자의 건강을 살펴야 한다. 혼자 자는 일도 삼갈 일이다. 자다가 침대에서 떨어져도 모르면 큰 일이다. 공동의 관심사를 갖기 위한 하나로 취미를 만드는 것도 중요하다. 함께 하는 취미를 만든답시고 등산에 데리고 가서는 5시간 동안 부인에게 한 말이 "빨리 와!"뿐이었다는 얘기를 들은 적이 있다. 그 후로 사이가 더 나빠졌음은 물론이다.

여섯째, 명문 카페를 찾아 열심히 활동하라. 열심히 출석부에 체크하고 산행, 정기모임, 번개모임, 봉사 등 카페 활동을 하며 각종 행사에 참여해 보라. 그곳에서 당신은 멋진 친구들을 만나게 될 것이다.

내 인생의 거울이 되는 사람은 이렇게 내 주변에 있는 법이다. 아이의 미래를 위해서 끼를 발견하고, 장래에 끼를 바탕으로 꿈을 펼치게 하려면 교사는 제자와 바람직한 관계를 맺어야 한다.

자기가 원치 않는 일을 부모가 원한다고 의사가 되어서 행복하지 않은 이유는 바람직한 관계를 먼저 맺지 못했기 때문이다.

부모가 원치 않는 길을 가더라도 행복한 삶을 위해 자신의 생각을 존중해주고 존중받는 그런 관계를 경험한 아이들이 제대로 된 인성교육을 받았다고 생각한다. 나 역시 효도한다고 어머니가 원한 서울대 상대나 연세대 상대를 가고, 체육교육과를 가지 않았다면 지금 교육이란 마당에서 선생님들을 위해 봉사하는 길을 가지는 못했을 것이기 때문이다.

전문가로서 교사의 지위 향상은 어디서 비롯되는가?

교사에게 지식을 지나치게 강조하고 학생과의 관계 설정에 소홀함이 발생하면 학교는 학원이 되어 버리고 만다. 학교는 학원이 아니다. 학교는 기초기본 교육을 제공하면서 공동체 정신을 일깨워

주고, small society로서 예비 사회화 과정을 거치며 인간이 되게 하는 곳이기 때문이다.

지식 만을 배우며 이기적으로 되는 것이 아니라 서로 돕고 존중하는 사회적 관계, 때로는 이를 넘어선 집단적 관계, 전체적 관계를 만들어 가야 한다. 그리고 국가 정신과 세계 정신을 가져야 한다. 그리고 우리 사회, 국가 안에서 우리 민족을 알아야 한다. 그래야 다문화 가정을 포용하는 힘이 생겨난다. 자기 민족의 정체성이 있어야 하는 것이다.

자신을 사랑하지 못하는 사람은 타인을 사랑할 수도 없다. 사랑하는 연습은 자기를 우선 사랑해야 하는 것이다. 그래야 상대방 입장도 이해하고 상대를 포용할 수 있게 된다.

지금 우리가 겪고 있는 학교는 개인의 학습에만 초점을 두고 있어 안타까운 마음을 금할 수 없다. 정보화 시대에 교육은 지식의 집적, 전달이 아니라 그것을 '융합'해 더 나은 세상을 위해 '활용'하는 능력을 키우는 데 초점을 맞춰야 한다. 따라서 전인교육을 담당하는 초등학교 교사는 없어지지 않을 것으로 예상된다.

초등학교 교사는 지식 전문가가 아니라 인성 전문가라고 할 수 있다. 인성교육은 아래로 내려갈수록 잘 되고 강화되는 경향이 있다. 아이들이 어머니와 자신을 일치시키는 경향이 있기 때문이다.

인성교육이 효과적으로 이뤄지려면 신체적 접촉이 필요한 데 이것이 가장 자연스러운 연령대도 초등학교 시절이다. 어머니와 자녀는 천성적으로 교육적 관계가 잘 형성될 수 밖에 없는 존재다. 그런데 집단적인 교육활동을 펼치는 선생님은 그것이 불가능한 것이 사실이다.

그 관계를 만들어주기 위해서는 공동체적인 접근이 필요하다. 어머니와 선생님이 하나가 돼서 아이를 향해 가는 일체감을 통해 몇 십배의 교육효과를 거둘 수 있는 것이다.

제대로 된 인성교육을 위해서는 거울이 돼주는 교사의 역할이 중요하다. 물고기를 주거나 잡아야하는 이유를 설명하는 것보다 잡는 법을 몸으로 반복해 보여주는 것이 최상의 방법이기 때문이다.

스승은 학생을 가르치는 것이 아니라 스스로 배울 수 있도록 도와주는 사람이다. 서양에서는 자녀를 독립된 인간으로 성장시키는 것을 가정교육 최고의 목표로 삼고 있으며, 모든 자식들도 제대로 된 물고기 잡는 법을 배우기를 원하고 있다.

그런 거울 같은 관계가 종합적으로 얽힌 곳이 학교인 것이다.

붓다의
가르침

"우리 학생들과 초중등교사 오케스트라가 만났습니다. 천사의 언어인 음악여행을 시작하겠습니다."

저녁 6시 서울 성동구 소월아트홀에서 서울경동초등학교 오케스트라의 네 번째 정기연주회가 열렸다. 지난 2012년 개교 100주년을 기념해 창립된 학생 오케스트라는 이곳에서 매년 연주회를 열고 있다.

이번에는 특히 서울초중등교원오케스트라(SETO) 단원들과 협연을 통한 사제동행 연주회로 눈길을 끌었다. 53명의 학생들과 19명의 선생님들은 한 무대에 올라 하이든의 놀람 교향곡을 함께 연주했다. 학생들 사이사이에 자리 잡은 선생님들이 소리의 중심을 잡아주며 아이들과 화음을 맞췄다.

이들은 그동안 각각 따로 연습을 하고 이날 정기 연주 세 시간 전에 리허설을 통해 처음 소리를 맞춰보게 됐다. 학생들은 매주 금요일 오후 2시40분부터 두 시간씩, 서울 전 지역에서 온 선생님들은 매주 월요일 오후 6시 이후에 서울 경동초등학교에서 연습을 해왔다. 이날 처음 만났지만 이들은 마치 오랜 시간 연습을 했던 오케스트라처럼 소리의 조화를 이뤄냈다.

서울 경동초 오케스트라 지휘를 맡고 있는 기영호씨는 "음악 자체가 만국 공통의 언어예요. 그러다보니 오늘 처음 만나도 금세 소리를 잘 맞출 수 있었다"고 말했다.

이같은 사제동행 연주는 SETO 단원이자 서울 경동초 교무부장인 조묘구 교사가 있어 가능했다. 조 교사는 3년 전 이 학교로 오면서 25년간 놓고 있던 바이올린을 다시 시작했고 SETO에 가입하면서 서울 경동초가 SETO의 연습장소가 됐다. 이를 본 고옥순 교장이 사제동행 연주를 제안하면서 이날 연주회가 성사됐다.

40년 전 이 학교를 졸업했던 조 교사는 "무대에 같이 올라보니 평소 일상적으로 수업을 하던 때와는 또 다른 기분이었다. 후배이자 제자인 우리 아이들과 합동 연주를 할 수 있는 기회를 가졌다는 것에 가슴 벅찼고 영광스럽다는 말이 뭔지를 몸소 느꼈다"고 감회를 밝혔다.

선생님이 악기 연습을 하며 노력하는 모습을 보여주는 것 자체가 아이들에게는 살아있는 교육이 됐다. 조 교사는 "오케스트라 연습을 하며 힘들어하는 아이들에게 '선생님도 틀리기도 한다, 그래도 계속 하다보면 늘 때가 있다'는 얘기를 한다. 아이들이 제가 바이올린 연습을 하는 것을 보게 되니 더 공감을 하며 잘 따라온다"고 말했다.

3학년 이환희 군은 "첼로를 처음 배우게 돼 너무 힘들고 하기 싫었는데 선생님이 격려해주셔서 오늘 무대에 오를 수 있었다"고 말했다.

이 학교에서는 오케스트라를 통한 인성교육에 관심을 기울이고 있다. 서울 성동구청의 지원으로 학생들에게 악기가 지원됐고, 학교에서도 각 악기별로 전문 강사와 지휘자 등 9명을 채용해 교육을 강화하고 있다.

남기순 담당 교사는 "오케스트라에 들어와 악기를 처음 접하고 배운 지 1년도 채 되지 않아 무대에 오르는 학생도 많아 연주 실력이 뛰어나다고는 할 수 없다"며 "그러나 우리는 잘하는 것이 목표가 아니라 아이들에게 오케스트라 문화를 경험하고 배려와 협동을 키우는 데 초점을 두고 있다"고 설명했다.

고 교장은 "남의 소리에 귀를 기울이고 배려하고 화합해야 한다는 것을 가르칠 수 있는 오케스트라는 인성교육의 꽃"이라며 "특히 이번 사제동행 공연은 선생님들의 노력하는 모습을 직접 보고 배울 수 있는 좋은 기회가 됐을 것"이라고 말했다.

이처럼 사제동행을 통해 배려와 화합의 인성을 기르는 교육방식은 전통적으로 스승과 제자 사이에서 이뤄지는 것이다. 학생 뿐만 아니라 교사들은 배려하는 말을 통해 보다 완전한 스승의 길로 접어든다. 이런 교육방식은 학교가 아닌 다른 삶의 현장에서도 인생을 더욱 가치있게 만들어 준다.

영화배우 캐서린 헵번이 그런 경우다. 그녀는 예쁜 외모만큼이나 촬영 중에도 스태프들에게 인기가 많았다. 특히 함께 출연하는 아역 배우들을 잘 다루기로 소문이 났다.

캐서린 헵번이 어느 영화에 두 소년과 함께 출연했을 때의 일이다. 처음에는 두 소년 모두 다 캐서린을 두려워했지만 그녀는 본능적으로 그들을 편하게 만들어주는 신비한 재주가 있었던 모양이다.

촬영 사흘 째 되던 날, 한 소년이 자기 대사를 잊어버리고 머뭇거리기 시작했다. 그런데 의외의 상황이 벌어졌다. 대사를 까먹고 당황한 것은 분명 소년인데 캐서린이 먼저 이렇게 얘기하는 것이었다.

"내 잘못이야, 내가 잘못했어."

그러자 그 소년은 "그것이 왜 당신 잘못이죠? 대사를 잊은 건 바로 전대요?" 라고 되물었다. 그러자 그녀는 "내가 대사를 너무 빨리 말했기 때문에 네가 순간적으로 대사를 잊어 버린거야!"라고 말하는 것이었다.

캐서린 헵번에게서 아이를 다루는 소중한 지혜를 배울 수 있다. 아이들을 다룰 때 문제가 발생하면 그 책임은 우선 어른에게 있다는 것이다. 그리고 어른이 먼저 잘못을 시인하고 그 문제를 풀어 나가면 아이들은 속으로 이렇게 반응하게 된다.

"잘못은 내가 했는데 엄마가 대신 책임을 지는군. 다음부터는 실수를 하지 말아야지."

이것이야말로 아이를 다루는 어른이 아이를 윽박지르지 않고 인격적으로 대접했을 때 나타나는 긍정적인 효과이다.

캐서린 헵번은 그의 회고록에서 아이들이 그 다음부터는 대사를 잊지 않으려고 노력하는 모습을 보게 됐다고 말한다. 이런 상황에서 시험에 드는 것은 아이들이 아니라 오히려 '부모'인 셈이다.

이것만으로 충분하게 공감이 되지 않는다면 한 회사에서 있었던 다음의 사례를 한번 더 살펴보는 것이 좋겠다. '긍정적인 피드백'이 얼마나 중요한지 그리고 그것이 아이들의 성장에 어떤 결과를 가져오는지 잘 보여주는 사례다.

스코틀랜드의 한 금융회사가 마련한 행사의 마지막날 이야기다. 그 행사가 성공적으로 끝난 것을 축하하고, 팀의 친목을 다지기 위해 팀원들이 모두 참여하는 클레이 사격을 하기로 했다.

그 당시 존 대처라는 사원은 사격은 고사하고 총을 들어본 적도 없는 사람이었다. 그래서 별로 마음이 내키지 않았다. 그러나 뜻밖에도 사격을 하는 동안 내내 즐겁고 흐뭇한 기분에 젖어 있었다.

그것은 바로 사격 교관이 보여 준 행동 때문이었다. 이 교관도 여느 교관처럼 총기 사용법에 대한 기본 사항을 일러주었다. 그런데 실제로 사격을 하는 동안 그가 보여 준 행동은 여느 교관들과 다른 것이었다.

총을 한 방 쏠 때마다 빗나갔다 하더라도 어떻게든 좋은 점을 찾아내 칭찬해 주는 것이었다. 그런 다음 대처가 총알을 재장전하면서 준비하고 있을 때 어떻게 하면 더 잘 쏠 수 있는지에 대해 충고해 주곤 했다.

존 대처가 점점 더 자신감을 갖게 되고 사격 솜씨가 향상됐음은 물론이다. 상대방을 배려하고 칭찬해주는 것은 자기 자존감을 일깨워주면서 동시에 그 사람의 마음을 얻는 가장 중요한 방법이다.

아이들과 대화하는 가장 좋은 방법은 아이들의 수준으로 내 눈높이를 낮추고 존중하는 것으로부터 시작한다.

남을 배려하는 말은 이렇게 모든 사람들을 행복하게 한다. 사람이 사람답게 살 때 우리는 그를 두고 '사람 구실'을 한다고 말한다. 그렇다면 사람 구실은 어떻게 하는 것일까?

구약 성경에 보면 사람들이 서로 다른 언어를 사용해 의사소통이 이뤄지지 않자 바벨탑이 무너져 버리는 이야기가 나온다. 이것은 공통된 언어가 없이는 협력을 요구하는 사회 생활이 불가능함을 상징적으로 말해 주는 것이다.

언어를 제대로 구사하지 못하면 사람 구실을 제대로 못한다고 할 수 있는 셈이다. 이런 사실은 여러 나라 말에 반영되어 있다. 아프리카 동부의 스와힐리어에서는 사람을 'mtu'라 하고 사물을 'kitu'라

하는데, 언어를 습득하기 전의 어린이를 'kitu'라고 부르고, 언어를 습득한 뒤에야 'mtu'라고 부른다. 영어에서도 'he, she'라는 3인칭 단수 대명사가 있음에도 불구하고 유아를 'it'로 지칭하는 것은 비슷한 현상이다. 모두 언어 능력이 없는 사람은 사람이라고 부를 수 없다는 잠재의식에서 나온 현상이다.

이렇듯 언어능력은 공부를 잘하고 못하는 기준이라기 보다 사람이 사람답게 살기 위해 꼭 갖춰야 할 기본적인 능력이라고 볼 수 있다. 따라서 우리 아이들이 성장하면서 사람다운 구실을 하고 살아가려면 성장기에 언어능력의 신장을 위해 끊임없이 노력해야 한다.

그렇다면 언어능력을 어떻게 키워나갈 수 있을까? 일단 언어능력에서 고려해야 할 4가지 구성요소는 읽고 쓰고 듣고 말하는 것이다. 이것은 초기 교육에서 가장 중요한 학습내용이다. 초등학교에서 제대로 글을 읽고 쓰고 이해할 수 없다면, 중학교에 가서 공부를 잘 할 가능성은 크게 줄어들기 때문이다.

예나 지금이나 변하지 않는 것은 언어능력의 향상을 위해 가장 기본으로 해야 할 일이 아이들로 하여금 책 읽는 것을 좋아하도록 만드는 것이다. 독서는 모든 지적 활동의 기본이기 때문이다. 책을 읽기 위해 문자를 익히는 것도 중요하지만, 아이들이 '무엇'을 읽는가도 매우 중요하다.

언어학자들은 문자를 익히는 단계를 거쳐 추상적인 것을 떠올리고 생각을 모아 내는 적령기를 9살 전후라고 보고 있다. 우리로 치면 초등학교 3~4학년 때부터 아이들은 책을 읽으며 자아를 형성해 나가는 것이다.

이 때 읽은 이야기, 동시들은 평생 잊지 못할 교훈을 준다. 따라서 부모는 세심하게 주의를 기울여 아이들이 읽을 책을 선택해야 한다. 교육은 정신을 만드는 것이기 때문이다. 또 주목할 것은 취학 전 아이들의 언어능력은 주로 부모가 사용하는 언어의 질에 따라 정해진다는 것이다.

당연히 지적인 전문직에 종사하는 아버지나 문화적 교양이 풍부한 어머니 밑에서 자란 어린이는 상대적으로 언어능력이 빠르게 발전한다. 이것은 초기 학업 성적에도 그대로 반영된다.

자신의 자녀가 사람답게 성장하는 모습을 보고 싶다면, 자녀와 진지하고 성실하게 이야기를 하는 것이 가장 중요하다. 밀어붙이기 식의 대화가 아니라 상담을 하고 도움을 구하고 의향을 타진하는 등의 태도를 보이는 것이 아이의 적극성을 끌어내고 사고 활동을 촉진시키는 것이다.

부모로부터 항상 일방적인 지시나 명령을 받는 아이는 자기가 스스로 생각할 필요가 그다지 없기 때문에 논리적인 사고력을 지니기 어렵다. 일방적인 명령이나 금지 따위의 언어는 의지의 전달은 가능하지만 아이들로부터 적극적인 반응을 기대하기는 어렵다.

언제나 간단한 문장을 들으며 자란 아이들은 복잡한 정보나 조금이라도 어려운 문제에 부딪히면 어려워한다. 자녀의 언어능력을 제대로 키워주고 싶다면 오늘부터 부모인 당신이 자녀에게 하는 말과 대화들을 스스로 점검해 볼 필요가 있다.

글은 누구나 쓸 수 있다. 하지만 남들을 감동으로 이끄는 좋은 글, 훌륭한 글은 아무나 쓸 수 없다. 좋은 글은 자신의 체험과 생각을 글로 표현해 낼 수 있는 '슬기'가 있어야 하기 때문이다.

옛말에 "글은 그 사람과 꼭 같다"라는 말이 있다. 글을 보면 그 사람이 어떤 사람인지 다 드러난다는 뜻이다. 가령 어떤 사람이 사물을 보고 마음 속에 느낌이 일어나 글을 쓴다고 하자. 이때 사물을 보며 느낀 것은 사람마다 같지 않다. 그 사람의 품성이나 생각이 서로 다르기 때문이다. 글은 그 사람의 됨됨이를 보여 준다.

그래서 예나 지금이나 글은 사람을 평가하고 이해하는 중요한 잣대의 하나로 인식되고 있는 것이다.

공부하는 과정에서도 글쓰기는 새로 배운 것을 몸에 익히기 위해 매우 중요하다. 쓰기를 싫어하며 읽기만으로 끝내는 아이는 설사 다양한 독서를 한다고 하더라도 성적은 뛰어나지 않다. 해박할지는 몰라도 게으름뱅이가 되기 십상인 것이다. 여러가지 지식은 있어도 학력은 부족하여 학년이 올라갈수록 점점 성적은 내려가기 마련이다.

좋은 글을 읽고 쓰는 능력을 키우려면 많은 연습과 훈련이 필요하다. 그런 훈련의 방법에는 어떤 것들이 있는 것일까?

우선 좋은 친구와 만나게 하고, 자연을 벗하게 하고, 동서고금의 좋은 문장을 접하고 외우게 하는 것만큼 좋은 글쓰기 교육은 없다는 것을 강조하고 싶다. 감수성이 예민한 성장기 아이들이 보고 들은 모든 형태의 경험은 글쓰기의 기초가 되기 때문이다.

14살 이전의 성장기 아이들은 따뜻하고 사랑스러운 환경을 필요로 한다. 특히 촉촉하고 감성적인 분위기를 경험하게 하는 것은 매우 중요하다. 논리적인 것은 더 큰 다음에 필요로 하는 것이다. 이 시기에 균형감과 유머 감각을 지닌 행복하고 도덕적이며 양심적인 사람 그리고 자연스럽게 존경심과 경외감을 낳게 하는 부모나 교사를 만나는 것만큼 아이의 글쓰기 교육에 필요한 것은 없다.

이런 환경을 만들어 주는 것 다음으로 권하고 싶은 것은 아이 스스로 이야기를 만들 수(Story-telling) 있도록 도와주는 것이다. 이는 슈타이너 교육이론의 핵심이기도 한데, 7살~14살의 아이들이 마음 속으로 그림을 그리는 것(Imagination-상상력)만큼 좋은 것은 없다는 것이다.

이것은 쓰기 능력과 창의성을 키우는 데 더할 나위 없이 좋은 방법이다. 아이에게 자신이 좋아하는 장난감이나 동물 혹은 바람에 흔들리는 나무 등을 생각하게 하고, 그것에 관해서 글을 쓰게 한다. 아니면 하늘을 나는 비행기에 말을 걸고 있는 높은 빌딩을 자신이라고 상상하게 하고 가상적인 대화를 나누게 하는 것도 좋다. 이런 훈련을 통해 아이는 자신의 생각을 스스로 표현하는 힘을 기를 수 있다.

이밖에도 단어에 관심을 가지게 하여 아이가 책을 읽으면서 만나게 되는 친숙하지 않은 단어들은 사전을 통해 스스로 그 뜻을 찾아 보게 하는 것도 중요하다. 일기를 쓰게 한다든지 멀리 있는 친척이나 친구에게 편지를 쓰게 하고, 현관문이나 냉장고에 메모지를 붙여 두고 글로 대화하는 방법도 부모와 자녀의 사이를 좁힐 뿐만 아니라 글쓰기에 흥미를 느끼게 하는 좋은 방법이다. 누군가에게 감사 편지를 쓰는 습관을 기르는 것도 좋다. 이것은 글쓰기 능력 뿐만 아니라 예의범절을 가르치는 데 좋은 방법이 되기도 한다.

하나 더 당부하고 싶은 것은 아이가 좋아하는 취미와 관심사에 동참하여 관련된 글쓰기를 장려하라는 것이다. 이는 취미에 대한 정보를 얻고 관련 글을 쓰게 하는 훈련을 통해 글쓰기를 연습하고 탐구능력을 형성하게 하는 좋은 방법이다.

살아가다 보면 다양한 친구들을 만나기 마련이다. 그 중에 인생이 바뀔만큼 영향을 미칠 친구를 만난다면 큰 복이 아닐 수 없다. 공자는 같이 걷는 사람이 세 사람 이상이면 반드시 그 가운데 가르침을 받을 만한 사람이 한 명쯤은 있기 마련이라고 했단다. 그렇다면 누가 우리 아이들의 인생에 영향을 미칠 만한 스승이 될 수 있을까?

그 사람은 의외로 가까운 곳에 있을 가능성이 많다. 첫째는 아이들을 가장 잘 아는 어머니와 아버지가 될 수도 있을 것이다. 그래서 부모는 아이들을 키우면서 큰 책임감을 느낀다. 하지만 아이들은 부모를 선택할 수 없으니 아이들은 자신의 발전을 위해 서로 노력하는 것이 중요하다.

다음으로 생각해 볼 수 있는 사람은 '친구'다. 친구는 아이의 인생에서 부모보다 더 큰 영향을 줄 수도 있는 존재이지만 부모와 달리 아이가 선택할 수 있는 존재이다. 특히 성장과정에 있는 아이들에게는 친구란 존재가 긍정적이든, 부정적이든 그 영향이 가장 크다고 할 수 있다.

친구는 아이가 나이들어 무덤에 갈 때까지 평생을 따라 다니는 훌륭한 교사라는 것을 한시도 잊어서는 안된다. 좋은 친구를 붙여주는 것이 얼마나 중요한 지는 조선 왕실의 교육에서도 쉽게 찾아볼 수 있다. 한창 뛰어 놀아야 할 나이인 어린 원자가 45분 동안 꼼짝하지 않고 앉아서 소학이나 대학 같은 어려운 책을 들여다보기는 힘들었을 것이다. 그 때문에 왕실은 다른 대책을 마련하였는 데 원자 또래의 아이들로 '배동'을 선발하여 원자와 함께 지내면서 공부하게 했다.

같은 또래의 친구들과 어울려 놀면서 공부도 함께 하도록 하려는 것이 왕실의 의도였다. 친구들 가운데 따르고 배울 만한 '거울'같은 사람이 있는 것이다. 이제부터 그 친구와 함께 배우는 공부에 대해 이야기해 보자.

우선 놀이를 통해 친구와 함께 더불어 사는 법을 배워야 한다. 이때 놀이란 햇빛이 비치는 곳에서 흙과 물, 바람을 벗하며 세 사람 이상이 뛰어노는 것을 말한다. 이때 기억해야 할 것은 가급적 두 사람만이 어울리는 놀이는 피하라는 것이다. 이유는 간단하다. 서로 마음 맞는 아이들끼리 말다툼도 없이 사이좋게 지내는 것이 꼭 바람직하지만은 않기 때문이다.

　이 경우 대부분은 어느 한 쪽이 주인 역할을 하고, 다른 아이는 시중드는 역할을 하면서 놀기 십상이다. 이런 경우 아이의 인격이나 지적 능력이 편향되어 발달할 가능성이 높아진다. 반면에 세 사람 이상이 모여서 놀게 되면 반드시 의견의 대립이 생기기 마련이다. 그리고 한 아이는 반드시 울게 된다. 다음 날에는 다른 아이가 엉뚱한 이유를 들어 또래들로부터 따돌림을 받기도 한다. 며칠 뒤에는 그 중에서 대장이던 아이가 모두로부터 거부당해 외톨이가 되기도 한다. 세 사람 이상이 모여서 논다는 것은 이렇게 여러가지 갈등이 발생하는 것을 의미한다. 이것은 좋은 교육환경이 될 수 있다. 놀이를 통해 자연스럽게 대립이나 갈등을 풀어가는 방법을 몸으로 깨닫게 되고 이런 과정을 통해 잡초처럼 끈질긴 생명력을 기를 수 있다.

　우리는 다른 사람을 '배려'하고 '나눔'을 아는 인격체로 성장해 나가는 아이들의 모습을 보고 싶어한다.

　조선 선조시대 유학자인 율곡 이이 선생의 교육 원칙을 살펴보자. 그도 좋은 친구를 가리어 사귀는 것이 중요함을 강조했다. 특히 사람이 올바르게 살아가는 방식을 가르쳐 주고 일상에서 의심나는 것을 알게 해 주는 것이 스승이라면, 서로 배려하고 이해하며 사회 관계의 질서를 도모하는 일은 친구의 도움을 받아야 한다고 했다.

반대로 뜻을 제대로 세우지 못하고 행동을 조심하지 않는 이, 이리저리 떠돌며 희희낙락 노는 것만 좋아하는 이, 말만 앞세우는 이, 자기 힘만 자랑하는 이는 절대로 친구로 삼지 말아야 한다고 충고했다. 그리고 이를 실천하기 위해 매월 초하루와 보름에는 친구들이 한자리에 모여 서로 예를 갖추고 동서고금의 좋은 책들을 읽으며 서로 강론하고, 쌓은 실력으로 함께 가르쳐 주는 시간을 갖도록 했다.

율곡 선생님은 이런 과정들을 통해 "배우고 나서야 자기의 지덕이 모자람을 알게 되며, 가르치고 나서야 자기가 아직 미숙함을 알아 배움에 힘쓰게 된다"라며 가르치면서 배움을 터득하는 '교학상장(敎學相長)'의 정신을 강조했다.

남을 돕고 섬기는 것이 중요한 문제해결 능력임을 일깨워주는 이야기는 또 있다. 어떤 이가 석가모니를 찾아와 호소했다.

"저는 하는 일마다 제대로 되는 일이 없으니 무슨 이유입니까?"

"그것은 네가 남에게 베풀지 않았기 때문이니라."

"저는 아무 것도 가진 것이 없는 빈털터리입니다."

"그렇지 않다. 재산이 없더라도 남에게 줄 수 있는 일곱가지는 누구에게나 있는 법이다.

첫째는 화안시다. 즉 얼굴에 화색을 띠고 부드럽고 정다운 얼굴로 남을 대하는 것이다. 둘째는 언시다. 말로 얼마든지 베풀 수 있으니 사랑의 말, 칭찬의 말, 위로의 말, 격려의 말, 양보의 말, 부드러운 말 등이 그것이다. 셋째는 심시로서 마음의 문을 열고 따뜻한 마음을 주는 것이며, 넷째는 안시다. 좋은 뜻을 담은 눈으로 다른 사람을 보는 것처럼 눈으로 베푸는 것이다. 다섯째는 신시로 이것은 몸으로 행하는 것인데 남의 짐을 들어 준다거나 일을 돕는 것이요, 여섯째는 좌시로 때와 장소에 맞게 자리를 내주어 양보하는 것이다. 일곱째는 찰시로 굳이 묻지 않고 상대의 마음을 헤아려 알아서 도와주는 것이다. 네가 이 일곱 가지를 행하여 습관이 붙으면 너에게 행운이 따를 것이다."

우리는 아이를 키우면서 좋은 친구들과 함께 성장하는 아이들의 모습을 늘 그리며 산다. 집에 찾아오는 내 아이의 친구들을 유심히 쳐다보고, 길거리에서 내 아이와 함께 걷는 친구들을 보면 곁눈질을 하는 버릇도 이런 부모의 마음에서 비롯된 것이다. 그것이 부모의 도리이기 때문이다.

교학상장
(敎學相長)

율곡 이이 선생님의 공부법을 한마디로 정의하면 '교학상장(敎學相長)'이라고 말할 수 있을 것이다. 나이가 많고 적음이 아니라 누구나 서로에게 배울 것이 있으므로, 공부할 의지가 있는 친구들이 함께 모여 토론하고 학습하라고 권장한 것이다. 이것이 '교학상장'이다.

이런 그의 의지가 잘 담겨있는 것이 그가 40대 초반에 저술한 〈격몽요결 · 擊蒙要訣〉이다. 애초에 공부하기 싫어하는 자손들을 가르치기 위해 스스로 가르침을 준 경험을 기록한 것인데 당대에 쓰인 일종의 '공부법(How to study)' 책이다.

율곡 선생님은 이 책에서 공부의 태도를 논하는데 다음 4가지를 기억하는 것이 좋다.

우선 공부할 생각부터 가지라는 것이다. 그것이 set up goals '입지(立志)'다. 공부를 못하는 이유는 공부할 생각이 없기 때문이어서 공부할 이유를 스스로 알아야 한다는 것이다. 꿈을 찾으라는 이야기인 셈이다.

다음 단계는 Throw away bad habits '혁구습(革舊習)'이다. 공부할 생각이 나면 공부를 하지 않는 자신의 습관을 고치라는 것이다. 예를 들면 하루 1시간씩 책을 읽는 습관을 가지라는 것인데, 이것을 보름달이 4번 뜰 동안 반복하면 저절로 습관이 형성된다고 했다. 사람마다 다르지만 60일~100일 동안 공부 습관을 만들어보라는 것이다.

다음 단계는 Acquire new habits '지신(持身)'이다. 율곡 선생님은 어렵게 만들어진 습관이 다시 제자리로 돌아갈 것을 걱정했다. 이런 폐단을 막기 위해 스스로 보름달이 뜨는 밤이면 손주와 제자들을 불러 모아 음식을 내어주고 책을 읽으면서 경연하게 했다. 공부하는 좋은 친구를 사귀면 공부하는 습관이 오래 지속될 것이라고 본 것이다.

마지막 단계는 Read widely '독서(讀書)'다. 율곡은 자신이 죽은 다음 어린 손주와 제자들을 누가 돌볼 것인지 걱정했다. 자신의 사후 후손들의 안위를 걱정한 것이다. 살다가 어려운 일을 만나면 자신의 서재에 들러, 책을 읽으면 마치 자신을 대하듯 하라고 했다. 책속에 할아버지가 있으니 책을 읽으며 이 어려운 세상을 살아가는 지혜를 배우라고 가르친 것이다.

목표를 정하고 자신의 나쁜 습관을 고치는 것도 중요하지만 나는 '인성교육'의 가장 기본이 염치(廉恥)를 아는 것이라고 생각한다. 사람과 사람간의 관계가 인성교육에서 특히 중요하기 때문이다. 말 그대로 자신을 낮추고 부끄러움을 아는 것이다. 염치를 알면 살아가면서 화를 입을 일이 그만큼 줄어든다.

이것은 '좋은 이웃'을 만드는 방법(지신 · 持身)과도 아주 밀접한 연관이 있다.

Good fences make good neighbors. "울타리가 튼튼해야 좋은 이웃이 된다"는 뜻으로 미국의 국민시인 로버트 프로스트(Robert Frost)가 그의 시 'Mending Wall'(1914)에서 읊조린 것이다.

좋은 담은 높고 두터운 것을 의미하지 않는다. 그의 표현대로 낮고 소통이 잘 되는 담이다. 서로를 갈라놓는 것이 아니라 서로를 존중하는 방식으로 타인을 연결하는 담. 그것이 진짜 튼튼한 담이라는 것이다.

조선의 한옥에도 이 시구와 딱 들어맞는 구조물이 있다. 소통의 담벼락이 그것이다. 부잣집 담벼락 사이로 실핏줄처럼 이어진 골목에서 아이들이 뛰어나오며 이렇게 외친다.

"담너머 부잣집엔 누가 살까요?"

궁금한 아이들의 질문에 부잣집 주인이 행동으로 답을 보여준다. 아이들의 눈높이에 맞는 낮은 담장, 그것도 모자라 아이들의 눈높이에 맞는 담벼락 숨구멍이 그것이다.

그래서일까? 경북 영주 땅의 한 부잣집엔 300년이 넘도록 도둑이 들지 않았다. 다 들여다 보이고 언제나 쉽게 들락거릴 수 있는 곳인데 도둑이 들 리 없다. 부잣집 낮은 담장은 동네 주민들에 대한 '배려'이고, 담벼락 숨구멍은 '소통'의 상징이었던 것이다.

담을 낮추고 숨구멍을 뚫어준 지혜가 좋은 이웃을 만든 비결인 셈이다. 담을 높이고 두껍게 덧칠하는 것이 아니라 숨구멍을 뚫고 담높이를 낮춰주는 것. 그것이 진정으로 울타리를 튼튼하게 하는 것임을 우리 선조들은 이미 알고 있었다.

좋은 이웃을 만들고 싶은가? 그렇다면 울타리를 튼튼하게 만들어 보라.

삶의 지혜가 여기에 있다. 낮은 담장과 숨구멍으로 사람 사는 냄새와 함께 자연의 바람과 들, 풀 그리고 하늘을 포함한 모든 자연요소를 집안으로 끌어들여 보자. 자연과 집, 그리고 그 안에서 생활하는 인간이 일체감을 갖는 하나의 완벽한 이상체가 만들어질 것이다.

한옥은 사람을 닮아 담백하고 소박한 가운데에도 기품을 자아내게 하고 단순함 속에서도 조화를 찾아볼 수 있는 무궁한 품격을 가지고 있다. 한옥에서 주위의 자연과 사람들을 자신의 삶 속으로 끌어들여 여유롭게 살아갔던 옛사람들의 지혜를 만나는 것은 행복한 일이다.

이것 뿐만이 아니다. 구멍 안의 '비어있음'은 모든 것을 수용할 수 있다는 의미를 내포하고 있기도 한다. 강요하지 않고, 군림하지 않고, 반대로 비워서 얻는 '권위'가 존경과 지속가능한 상생의 문화를 만들어낸다. 이 시대를 살아가는 리더들이 한옥의 담벼락에서 배워야 할 지혜다.

선생님이 아이들에게 미치는 영향은 '부드러움'만 있는 것은 아니다. 논두렁의 잡초를 제거하듯 삐뚤어진 생활습관을 바로 잡아주는 노력도 늘 함께 진행해야 한다. 지금 40~50대 중장년층이라면 텔레비전 드라마 '호랑이 선생님'을 기억하는 이들이 많을 것이다. 1981년부터 1987년까지 7년 동안 MBC에서 방영된 인기드라마 '호랑이 선생님'은 우리나라 최초의 학교 드라마다.

2010년 11월에는 첫 방송 30주년을 맞아 '호랑이 선생님'으로 열연했던 연기자 조경환과 아역배우였던 제자들이 함께 동창회를 열었다고 한다. 참으로 훈훈하고 아름다운 이야기다. 기성세대들의 기억에 남아있는 '호랑이 선생님'은 단지 엄하고 무섭기만 한 대상이 아니라 가르침에는 엄하고, 인간적으로는 한없이 자애로운 스승이다.

당시 많은 교사들은 '호랑이 선생님'을 롤모델로 삼기도 했다. 시대가 변해 이 시대에 맞는 '교사상'이 요구됨에도 늘 '호랑이 선생님'에 대한 그리움이 머릿속을 맴도는 이유는 무엇일까?

충남 천안중 한홍렬 교장 선생님은 학교 규정을 위반하거나 학습 분위기를 흐리고 교사에게 불손한 행동을 하는 학생을 1주일에 2, 3명씩 불러 체벌 등으로 따끔하게 훈육하고 있다고 한다.

싱가포르도 이런 교육 방식을 채택하고 있다.

하지만 지금 대한민국의 학교 현장에서는 체벌금지, 학생인권조례, 교원평가 실시 이후 가뜩이나 맡기를 꺼려하는 '학생생활 지도부장' 보직을 회피하는 현상이 강하게 나타나고 있다고 한다. 한국교원단체총연합회가 2013년 말 전국 초·중·고 교원 401명을 대상으로 한 설문조사 결과 "올해 담임 교사 및 학생생활 지도부장을 맡으라는 제의가 온다면 꺼려진다"는 응답이 무려 87%에 달했다.

나는 학교도 작은 사회라는 점에서 학교질서를 유지하기 위한 '호랑이 선생님'은 반드시 필요하다고 생각하는 사람이다. 학생생활 지도를 책임진 교사들의 교원평가 점수가 낮고 그에 따른 부담마저 지게 된다면 학교에 인기 영합주의적 교사만 남게 될 것이다.

교사는 학생교육에 있어서만큼은 '엄하되 따뜻한 호랑이 선생님'이 돼야 하며 그런 분위기를 우리 사회와 교육당국은 반드시 만들어줘야 한다.

이런 엄한 선생님의 가르침이 있어야 아이들이 잘못된 습관을 고치고 바람직한 학습태도를 갖춰가는 것이다. 나는 이것이 율곡 이이 선생님이 자신의 손자들을 가르친 '혁구습'의 교육방식에 맞닿아 있다고 생각한다.

잘못된 습관을 고치는 것은 그 만큼 힘들기 때문에 따뜻한 격려의 말과 함께 잘못을 엄하게 꾸짖어주는 스승의 존재가 필요한 것이다. 이것은 엄연히 인성교육의 한 축에 해당되는 것이다. 이런

'혁구습'의 교육방식을 가장 잘 구현할 수 있는 존재는 바로 '교사'인 것이다.

민주주의 가치이념에 근거해서 유일하게 우리 아이들을 지켜줄 수 있는 분명한 아이덴티티는 인성교육이고 여기서 유일하게 기초기본이 되는 존재가 바로 교사인 것이다. 교사의 존재가 교육의 내용이자 방법이고, 교육 그 자체인 것이다.

마찬가지로 부모의 존재는 자녀에게 교육의 내용이자 방법이 될 수 있다. 그래서 '군사부일체'라는 말이 나온 것이다. 누가 뭐라 해도 교사 없이는 교육을 할 수 없다. 그런데 요즘 학교 분위기는 거꾸로 돌아가는 것 같다.

요즘 일선 학교에서 추구하는 모든 교육방법들이 '교사가 너무 개입하면 안 된다', '교사의 개입을 최소화해야 문제해결력과 창의적인 생각을 이끌어 낼 수 있다' 는 등 교사의 역할을 지나치게 제약하고 있는 것은 아닌지 걱정돼서 하는 말이다. 그것이 너무 극대화되다 보니 교사의 존재가 없어져 버렸다는 생각마저 들 정도다. 이것이 조금 더 심각해질 때 일부 학부모들이 교실에 난입하는 현상으로 이어지기도 하는 것이다.

인성교육은 프로그램이나 방법으로 이뤄지는 것이 아니라 선생님의 존재와 모습, 그것이 근원이자, 교육의 시작이다. 언어적, 비언어적으로 여러가지 교육내용과 지식을 전달하는 행위의 과정도 교육 행위의 과정이지만, 가르침은 선생님이 그냥 서 있는 자체가 시작이자 끝이라는 인식이 학교는 물론 사회 전반에 확산돼야 할 것이다.

이 문제를 강하게 내세우는 것이 우리 사회 '교육 바로세우기'의 출발점이 돼야 한다고 생각한다. 민주주의 가치 이념 아래에서 교사의 존재를 강조하는 것은, 이미 우리 사회가 잃어버리고 있는 것을 다시 되살리려는 시도이기도 하다.

이를 위해 10개 교과 교육과정 속에 인성교육을 융합하는 연구가 필요하다고 본다. 학교에서 인성교육을 활성화하기 위해 가칭 '융합적 인성교육 수업모형'을 만들어야 하는 이유다. 인성교육은 별도의 교과서를 만들어 교사들이 별도의 활동으로 수십 개의 교과목에 하나를 더 얹는 것으로 변질돼 교사들을 허덕이게 만들어서는 안된다. 기존 교과 수업시간에 자연스럽게 인성교육이 이뤄질 수 있도록 다양한 사례와 수업방법이 연구돼야 하는 것이다.

이밖에도 우리가 세계 교육강국이 된 원동력, 무형의 힘은 바로 선생님과 어머니에게서 나온 것이라는 신념을 가지고 '인성교육'을 추진해야 한다. 이것이 내가 늘 이야기하는 '학사모일체운동'의 핵심이자 근본인 것이다. 결코 고리타분한 군사부일체를 이야기하려는 것이 아니다. 선생님과 학부모의 신뢰가 우리 교육의 원동력이기 때문에 우리는 인간적인 정으로 뭉친 신뢰를 기반으로 서로 정을 주고 받는 관계 위에서 인성교육이 꽃피는 학교를 만들어야 하는 것이다.

수업이 끝난 후 제자가 집에서 뭘 하는지 궁금한 마음에 집에 전화를 거는 선생님의 마음. 그런 차원에서 선생님이 제자에게 문자메시지 보내기 운동은 굉장히 좋은 문화라고 생각한다. 이를 통해 신뢰가 생겨나기 때문이다.

학생들을 유학 보내지 않고 우리 교실 안에서 모두를 위한 교육(Education For All)을 하는 것도 중요하다. 미래 세대들을 위한 교육의 장인 우리 학교 안에서 학생들이 세계적인 마인드를 갖게끔 교사가 주도적으로 움직여야 하는 것이다.

우리 사회가 진정으로 평등한 사회가 되고 모든 국민들이 화합을 이루려면 교실 안 아이들이, 해외 유학을 간 아이들보다 우리 교실 안에서, 세계화된 마인드를 가진 교사가 가르침으로써 더 큰 경쟁력을 갖게 해야 한다. 그 때가 바로 대한민국이 진짜 세계가 부러워하는 교육강국이 될 것이다.

대한민국 어느 학교에 다니더라도 개천에서 용 날 수 있는 교육환경을 만드는 것이 중요하다. 과거 광부나 중동 건설자들이 돈을 벌기 위해 해외로 진출했다면 이제는 교사들이 봉사를 하러 해외로 나갈 때가 됐다고 생각한다. 대한민국의 우수한 교사역량을 보여주고, 우리 교사들은 외국에서 봉사하며 열린 문화와 뜨거운 가슴을 배워서 돌아와야 한다고 생각한다.

개천에서 용 나는 교육제도를, 진정한 평등을 만들어 내려면 유전적 요인인 천성, 하늘로부터 내려받은 자질을 개발하는 것이 매우 중요하다. 모두가 다 창의력을 가질 수는 없기 때문이다.

아이큐가 80인 사람은 지적 창의성을 못 가지는 대신 순수한 마음, 인성의 표본이 될 수 있다. 진정한 평등이라는 것은 이렇게 타고난 저마다의 소질을 계발하는 것이다. 그런 점에서 과거 국민교육헌장에 '타고난 저마다의 소질을 계발하고…'라는 문구가 있었다는 점은 나름 의미가 있었다. 타고난 저마다의 소질을 계발해야 창의인성 교육이 이뤄지는 것이다.

드디어 학교현장에서 인성교육이 중심에 서기 시작했다. 인성교육진흥법이 제정됐으며 시대사적 흐름도 학교에 인성교육을 강하게 요구하는 시대로 접어들었다.

선생님들도 교과수업과 교과수업외의 시간 등에 인성교육을 적극적으로 실시할 수 있도록 변화해야 한다. 학교 안에서 일찍 학생들을 만날 수 있는 분위기를 만들어 주고 아이들과 이야기도 나누고, 교과 수업은 인류의 지혜인 만큼 집중하여 추진하되, 학교 안에서 이뤄지는 시간을 소중하게 사용할 수 있도록 도와야 한다.

그리고 사회가 가르칠 것은 사회가 가르치고, 학교가 가르칠 것은 학교가, 가정이 가르칠 것은 가정이 가르치도록 해야 한다. 온 나라에서 인성교육을 실시하자는 것이다. 새로 제정된 인성교육진흥법이 세계 최초가 아니라, 이런 정신이 세계 최초라고 봐야 하는 것이다.

국가에서 인성교육에 찬성한 것은 지식도 중요하지만 인성교육이 있어야 교사가 존재한다는 의미도 담고 있다. 교사가 인성교육의 내용이자 방법이기 때문이다. 반면에 집에서의 인성교육은 부모가 인성교육의 내용이자 방법이 된다. 사회는 모든 사회인이 인성교육의 내용이자 방법이기 때문에 인성교육은 프로그램이 아니라 '사람' 중심이어야 한다.

이런 주장이 받아들여져 2016년부터 대한민국 선생님들 300여 명이 세계로 나가 사회적 기여를 하고, 경험을 쌓아 교실로 돌아오게 된다. 그것은 바로 대한민국 교실이 세계화되는 것을 의미한다. 그리고 세계로 나간 교사들이 학교로 돌아와 학교 안에서의 교사, 사회인으로서의 교사, 세계인으로서의 교사가 해야 할 일을 개념화하는 작업이 이뤄지길 기대한다. 그 핵심은 협력과 참여, 소통이 잘 되는 미래역량으로서의 인성교육을 발전시키는 것이다.

이를 통해 우리 선생님들이 학교에만 머물지 않고 사회로 나가 국민으로부터 신뢰받는 새로운 교원상을 구축해 나가야 한다. 시야를 학교 밖으로 넓히고, '1교사 1사회 공헌활동' 등 사회참여 확대를 통해 교원에 대한 긍정적인 인식을 사회적으로 확산시켜 나가야 한다.

방학이나 연구년제를 통해 개발도상국 학생들에 대한 봉사활동으로 세계교육에 기여하고, 돌아와서는 그 경험을 살려 대한민국 교실을 세계 속의 교실로 만들어가야 한다. 미국의 평화봉사단처럼 '평화교육단'을 만들어 세계 여러나라 교육현장의 봉사와 교육활동을 통해 대한민국 교육과 교원의 우수성을 스스로 전파하고 글로벌

역량을 구축해나가야 한다.

이는 학교와 지역 사회와의 간극을 줄이고, 궁극적으로 스승존경 풍토 조성에 큰 밑거름이 될 것이다. 사회봉사를 통한 선생님의 솔선수범하는 모습은 그 자체만으로 자연스러운 인성교육이 될 것이다. 교사 스스로 새로운 도덕과 공동체 의식, 세계시민의식을 만들어가는 주체가 되어 사회에 나가야 한다.

한국교총이 2015년 스승의 날을 맞아 전국 교원 2208명을 대상으로 설문조사를 한 결과, 국가 · 사회적으로 인정받는 새로운 교사상 1위는 '적극적인 사회적 공헌 활동과 인성교육을 실천하는 교사'로 나타났다. 따라서 이 시대의 교원은 '봉사하는 교원상'이라는 사회적 책무성을 갖고 사회와 국가에 책임을 다하는 모습을 보여줘야 한다.

제자들과 함께 '1교사 1사회적 공헌활동' 등 사회참여 확대를 통해 교원 스스로 사회적 위상과 스승 존경 풍토를 만들어가야 한다. 또한, 교원이 먼저 학생 · 학부모에게 감사 편지 및 문자 쓰기 등 '마음의 촌지(감사 나눔) 운동'을 통해 물질적 촌지는 단호히 배격하는 데 앞장서 주기를 바란다.

이제 교직은 다시 평생 직장이 되어야 한다. 지식만을 가르치는 것이 아닌 실천적 지혜, 열정과 정열을 가지고 제자를 가르쳐야하기 때문이다. 그런 면에서 선생님들은 헌신을 해야 하는데 그 바탕에는 선생님들의 '시간'이 있다고 보아야 한다. 아이들에게 시간을 내주면서, 이 시간을 통해 대화를 나누는 것으로부터 인성교육이 시작되는 것이다.

인성교육은 이제 학교뿐만 아니라 가정에서도 함께 이뤄져야 한다. 왜냐하면 바람직한 인성은 출생부터 부모의 태도에 의해 절대적인 영향을 받게 되며 성장과정에서도 영향이 크기 때문이다. 따라서 인성교육은 자녀에 대한 교육도 중요하지만, 준비되고 성숙된 부모의 역할을 할 수 있도록 부모의 가치관 정립을 돕는 일이 병행되어야 한다.

교육은 한 인간의 능력을 키우고 올바른 판단력을 길러 주며 건강한 사회를 구성할 민주시민을 길러내는 가장 본질적인 분야이다. 또한 교사만큼 누군가의 삶에 중요한 역할을 하는 직업이 없다고 볼 때 가장 중요한 교육환경은 '교사'라고 할 수 있다.

교육의 정수는 교실이며, 교실에서 교사와 학생들이 만나서 교감(지식적 전달 및 도덕적 전달 등)을 할 때 아이들은 성장을 하는 것이다. 따라서 아이들의 학습을 유도하는 방식이 사회화되어 동료간에 대화가 잘 이뤄지는 것이 중요하다. 이러한 욕구가 충족되지 않으니 수업시간에 자고, 쉬는 시간에만 떠드는 교실붕괴가 나타나는 것이다.

이런 문제를 해결하려면 반대로 하면 된다. 아이들 스스로 떠들고 소통하게 하면서 교묘하게 지식을 가르치는 것이다. 옛날에는 판서하고 가르치기만 하면 되었는데, 이제는 교과수업도 인성교육을 통해 개인의 품성뿐만 아니라 사회적 상호작용, 개인 간 상호작용 등을 가르치는 것이 목표가 돼야 한다.

또 중요한 가치인 배움은 가르치는 사람이 지식을 전수하는 것이 아니라 상호작용하는 것이라는 것을 잊지 말아야 한다. 아이들도 배우지만 선생님들도 배운다는 수업방법 개선을 통해 교육의 가치, 교사의 가치를 높여야 한다. 지금 학교현장에서 반향을 일으키고 있는 '거꾸로 교실'은 선생님이 교실에서 수업을 하기보다는 아이들과 상호작용을 하면서 감동받는 수업모델이다. 거꾸로 교실에서 아이들은 자기들끼리 스스로 깨달아 성적이 향상되기도 한다.

거꾸로 교실이 교육현장에서 큰 패러다임 시프트를 이뤄낸 것만은 분명하다. 이는 가르치면서 배운다는 '교학상장'의 정신과도 통하는 것이다. 배움을 극대화하는 과정에 사람간의 소통관계라는 극적인 요소가 담겨있다는 것을 주목해야 한다. 교육은 사람간의 관계를 통해서 사람을 변화시키는 것이지 지식을 주입하는 것이 목표가 아니기 때문이다.

나는 학교가 앞으로 절대 없어지지 않을 것이라고 생각하는 사람이다. 학력 중심 패러다임에서는 학교보다 학원이 부각되고 있지만 학교는 인간성 회복을 위한 사회적 소통의 장이기 때문이다.

요즘 아이들은 학교 가기는 싫지 않지만 수업은 듣기 싫다고 이야기 경우가 많다고 한다. 이런 문제를 해결하려면 교실 혁명이 일어나야 한다. 교실 혁명의 핵심은 사람간의 관계를 회복하는 것이다. 교육은 사람간의 관계를 통해서 사람을 변화시키는 것이지 지식을 주입하는 것이 목표가 아니기 때문이다.

　나는 모든 사람들이 아이들의 교육자가 될 수 있다고 생각한다. 이제 학교현장에서 교사의 독점적 지위를 그만 좀 내려놓을 때가 되었다는 의미이기도 하다. 학생도 교사가 될 수 있다는 혁명적 발상, 가르침을 통해서 배운다는 진리는 '교학상장'의 정신에 맞닿아 있다.

　학생을 통해서 배워야 하고 우리가 보고 배우는 과정을 통해 전 인류가 교육자적인 삶을 사는 것이 가능해져야 한다.

교육의 중심에는 '선생님'이 있다.
선생님은 지식이 아니라 지혜를 나눠주는 사람교육이어야 한다.
교사의 존재 자체가 인성교육이라는 것을
한시도 잊어서는 안 된다.
교사가 학부모와 학생에게 존중받는 원동력은
아이들을 사랑하는 마음

Question 5

다가오는
미래
어떻게
준비할까?

대한민국
성장엔진
'교육'의 힘

Intro

　지난 1953년 대한민국 국민의 1인당 소득은 67달러에 불과했다. 같은 해 미얀마는 61달러, 필리핀은 우리보다 많은 190달러에 달했다. 다시 10년이란 시간이 흐른 1963년 대한민국의 국민소득은 드디어 100달러를 돌파했다. 같은 해 아프리카 가나의 국민소득은 300달러, 잠비아는 540달러에 달했다.

　그로부터 50년 가까운 시간이 흐른 지난 2007년 대한민국의 국민소득은 1만9,840달러에 달했다. 하지만 같은 해 미얀마는 386달러, 필리핀은 1,792달러에 불과했다.

　이제 대한민국은 한국전쟁으로 피폐해진 경제를 살리기 위해 원조를 받던 나라에서 도움을 주는 최초의 나라로 성장했다. 지난 2009년 11월26일 경제협력개발기구(OECD) 개발원조위원회(DAC)의 24번째 회원국이 된 것이다.

이 모든 기적을 전세계 사람들은 '한강의 기적'이라고 부른다. 무엇이 이를 가능하게 한 것일까? 가진 자원이라고는 사람밖에 없는 나라에서 높은 '교육열'이 그것을 가능하게 했다는 분석이다.

한국 전쟁이 휴전으로 끝난 지난 1953년부터 지난해인 2014년까지 61년 동안 대한민국은 연평균 7.3%씩 성장했다. 세계 경제발전사에 유례가 없는 기록이다. 특히 경제개발 5개년 계획이 시작된 1961년부터 1991년까지 30년 동안 연평균 9.7%의 고도성장을 달성한 나라가 대한민국이다.

2000년대 이후 경제가 전반적으로 성숙 단계에 접어들면서 연평균 4% 정도의 성장률을 보인 대한민국은 2014년 3.3%의 성장률을 기록했다. 이는 경제협력개발기구(OECD) 회원국 평균 1.7%보다 높은 것이다.

1953년부터 2014년까지 61년 동안 마이너스 성장률을 보인 해는 딱 두 번이 있었다. 1980년과 1998년이다. 1980년에는 2차 석유파동의 영향으로 −1.7%, 1998년에는 외환위기로 −5.5%의 성장률을 기록했다.

1980년 경제위기는 '근검 절약' 운동으로, 1998년 경제위기는 '금모으기' 운동으로 이겨낸 사람들이 위대한 대한민국 국민들이다.

이런 위기를 이겨내고 2014년 대한민국 국내총생산(GDP)은 1조

4,104억 달러로 세계 13위 규모를 달성하고 국민소득은 2만8,180 달러로 세계 27위를 기록했다. 일본 니혼게이자이신문이 2015년 7 월 조사한 자료에 따르면, 조사 품목 50개 가운데 세계시장 점유율 1위를 차지한 대한민국 제품은 8개에 달했다.

스마트폰, 리튬이온전지, 낸드플래시메모리, 초박형 TV, DRAM, 중소형 액정패널, 대형 액정패널, 조선이 바로 그런 품목들이다.

이제 2016년 대한민국 경제성장률 전망치를 들여다 볼 차례다. OECD는 2016년 대한민국 경제성장률 전망치를 기존 3.6%에서 3.1%로 하향 조정했다. 2015년 성장률은 기존 3.0%에서 2.7%로 하향 조정할 정도다. 다급해진 정부는 국내 소비를 늘리기 위해 국 가차원의 물건사주기 운동인 한국판 '블랙프라이데이'를 열었을 정 도다.

본격적인 저성장 시대에 접어들기 시작한 것이다. 문제는 경제상 황만이 아니다. 불안한 미래에 대한 걱정은 끝이 없다. 저성장과 함 께 저출산 시대를 맞아 노인 인구는 크게 늘어나는 반면 젊은이들 은 크게 줄어 이른바 '인구절벽'이 시작되었다는 분석이다.

청년들은 일자리를 구하기 힘들고 대학은 학생수가 줄어들어 대 학정원을 줄이는 등 자구책 마련에 부산한 상황이다.

농경시대를 거쳐 산업화 시대를 지나고 정보화 시대를 구가한 대 한민국 사회가 활기를 계속 이어가려면 해결책은 없는 것일까?

미래학자와 경제학자들은 저성장 국면을 벗어나려면 새로운 시대에 걸맞는 해법을 찾아야 한다고 주장한다. 이른바 '하이컨셉'의 시대를 준비하라는 것이다. 창의적으로 생각하고 일을 만들어 내는 인재가 필요한 시대가 열린다는 뜻이다. 당연히 교육이 중요해질 수 밖에 없다. 인문학적 소양과 스토리텔링 능력을 갖춘 예술적 감성의 융합형 인재를 길러내야 한다.

그 무거운 책임을 대한민국 학교가 떠맡아야 한다. 그 중심에 교사들이 있고, 교사들은 새로운 시대에 걸맞는 인재육성을 위해 수업방법을 바꾸고 창의와 인성을 갖춘 인재를 길러내기 위해 학교담장을 허물고 지역사회와 협력하는 새로운 시대를 맞이할 준비를 해야 한다.

우리 아이들이 본격적으로 활동을 시작할 20년 뒤 대한민국의 미래를 이끌어갈 유망한 기술에는 어떤 것이 있을까?

한국공학한림원이 선정한 5대 미래 기술은 이런 것들이다.

먼저 미래융합 신시장을 발굴하고, 전통적인 선도 산업의 새로운 부가가치를 창출하는 것을 목표로 하는 '성장하는 사회'를 실현하는 기술로는 무인항공기 기술, 포스트실리콘 기술, 디스플레이 기술, 서비스 로봇기술, 유기소재 기술이 뽑혔다.

지식정보자원의 활용을 고도화하고, 상호공감을 위한 감성 네트워크 구축을 목표로 하는 '스마트한 사회'를 실현하는 기술로는 미래 자동차 기술, 스마트 도시 기술, ICT 입는(wearable) 기술, 정보통신 네트워크 기술, 데이터 솔루션 기술이 선정됐다.

생명현상 규명을 통한 난치성 질병 극복, 환자맞춤형 의료시대 실현을 목표로 하는 '건강한 사회'를 실현하는 기술로는 분자진단 기술, 사이버 헬스케어 기술, 맞춤형 제약기술, 맞춤형 치료기술이 뽑혔다.

미래 에너지원의 안정적 확보, 자원활용과 선순환 실현을 목표로 하는 '지속가능한 사회'를 실현하는 기술로는 온실가스 저감기술, 원자로 기술, 신재생 에너지 기술, 스마트그리드 기술이 선정됐다.

마지막으로 사회적 재난 대응체계 확보, 안전성 확보를 목표로 하는 '안전한 사회'를 위한 기술로는 식량안보 기술과 인체인증 기술이 선정됐다.

이제 우리 아이들이 살아갈 2050년 대한민국의 미래 사회 모습을 예상해 볼 차례다.

지난 2005년말 미국의 평가회사 골드만삭스는 세계 각국에 대해 평가한 장기 성장잠재력 지수(GES: Growth Environment Score)에서 대한민국의 1인당 국민소득이 6만 달러가 넘어설 것으로 예측했다. 8만 달러가 넘을 것으로 예상되는 미국에 이어 세계에서 2번째로 높은 나라가 될 것으로 예상한 것이다.

이것은 인플레이션과 재정적자, 해외차입, 투자, 대외개방도 등 거시경제 변수와 함께 전화보급률, PC보급률, 인터넷보급률, 교육 정도, 평균 수명, 정치적 안정, 부패지수, 경제활동과 관련된 법제화 정도 등 13개 요인들로 구성된 성장잠재력 지수이다.

이런 장밋빛 전망을 실제로 가능하게 하려면 넘어야 할 산이 기다리고 있는 것은 물론이다.

먼저 저출산, 고령화 사회의 덫에서 벗어날 대안을 준비해야 한다. 만만치 않은 사회통합과 갈등해결도 기다리고 있다. 평화적인 남북통일과 미국, 일본, 중국, 러시아 등 동북아 신질서에 기반한 국제정치에도 발군의 실력을 발휘해야 한다.

지속 가능한 성장과 번영을 위해 사회적으로는 민주복지 국가의 틀을 다지는 것은 물론 에너지와 환경 문제라는 복병을 잘 다스려야 한다. 어느 하나 소홀히 대할 수 없는 문제들인 것이다.

카이스트 미래전략대학원이 발간한 〈대한민국 국가미래전략〉에 따르면, 앞으로 우리는 저성장 시대에 맞는 삶의 질 개선과 라이프 스타일의 변화에 따른 새로운 성장산업을 발굴해서 키워내야만 할 것으로 분석됐다.

다종다양한 사람들이 모여 살게 될 한국 사회의 안정적인 운영을 위해 국가 거버넌스를 다원화하는 것도 중요한 과제로 제시됐다. 늘어나는 노인인구와 줄어드는 청년인구 간에 발생하는 고용의 불일치와 불평등 심화문제도 해법을 내놓아야 한다.

미래 사회에 찾아오는 직업의 변화는 한국 사회에 큰 변혁을 요구하게 될 것이다.

이제 우리는 다가오는 대한민국의 미래를 어떻게 준비해야 하는 것일까?

나는 미래 인재를 길러내는 책임을 지게 된 한국의 교육에서 해법의 단서를 찾아야 한다고 생각한다. 카이스트 미래전략대학원이 2015년 발간한 〈대한민국 국가미래전략〉 보고서에 담긴 전망을 토대로 한국 교육이 나아갈 방향을 모색해 보자는 것이다.

먼저 창조적인 지성을 갖춘 인재를 길러내야 한다. 올바른 세계관을 지니고 인성이 제대로 갖추어진 인재상도 잊지 말아야 한다. 서로 다른 경험을 연결해 새로운 것을 도출해 내는 융합적 사고를 지닌 인재도 필요할 것이다. 지구촌 시대를 맞아 교통과 미디어가 발달한 세상에서 적응할 수 있는 글로벌 인재를 길러내는 것도 한 방법이 될 것이다.

예측 불가능한 미래를 준비하는 확실한 방법은 미래 사회의 주인공이 될 청소년들과 어린이들의 교육에 선제적인 투자를 하는 것이다. 이것이 대한민국 경제를 살리고 지속가능한 성장이 가능하게 하는 비결인 것이다.

'교육'이 대한민국의 성장엔진이라고 말할 수 있는 것이다.

다가오는
미래

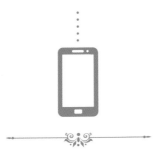

"지금 100년이 넘는 회사의 역사에서 가장 중대한 전환기를 맞이하고 있다."

오랫동안 세계의 자동차 산업을 견인해 온 미국 제너럴모터스(GM)의 한 간부는 국제가전박람회인 'CES 2014'에서 이처럼 강한 어조로 말했다.

중대한 전환기를 맞이한 것은 학교도 마찬가지다. 세상이 변하는데 학교도 변하지 않을 수 없기 때문이다. 산업시대에 태어난 학교의 역사도 100년이 넘는 GM의 역사와 비슷하다. 학교는 그동안 자동차 회사인 GM이 필요로 하는 노동자를 길러내는 교육을 충실히 해왔다.

그런데 화석연료를 사용하는 내연기관의 차가 생명을 다하고 전기배터리를 이용한 자율운행차의 시대로 곧 접어들 준비를 하면서 GM이 생존의 고민을 하는 것처럼 학교는 전혀 다른 차원의 인재를 길러내야 하는 상황에 처한 것이다.

다임러와 벤츠가 자동차 양산을 시작한 지 128년. 자동차 산업은 현재 커다란 전환기에 직면했다. 경쟁의 대상도 다른 자동차 회사들이 아니다. 그들의 상대는 애플이나 구글, 마이크로소프트, 인텔 같은 IT분야의 대기업이 될 것으로 예상되기 때문이다. 그들의 무기인 스마트폰과 클라우드가 자동차에 거대한 영향력을 끼치기 시작하면서 이미 생존을 위한 싸움은 시작됐다.

이것은 비단 차량 탑재 OS(운영체계)와 카 내비게이션, 인터넷 라디오 같은 차내 장비만의 이야기가 아니다. 엔진과 서스펜션의 제어, 나아가 자동차의 제조에서 판매까지 자동차 산업의 모든 요소가 IT산업의 지배를 받게 될 지도 모를 운명에 처한 것이다.

자동차 산업의 미래가 불투명한 것처럼 교육의 미래도 낙관할 수만은 없게 됐다. 교육도 새로운 비즈니스 영역으로 이동하고 있는 것이다. 가장 변화에 둔감할 것 같은 대학이 그 변화의 한 가운데 섰다.

하버드 대학의 제프리 삭스 교수는 교육 분야에 '공유' 개념을 도입해 온라인으로 세계 최고의 강좌를 듣고 학위도 딸 수 있는 세상을 열어낸 주인공이다. 이른바 무크(MOOC)가 그것이다. 무크는 대규모 강의(Massive)로, 별도의 수업료가 없거나 적은 수업료(Open)인데다, 인터넷(On-line)으로 제공되는 교육과정(Course)을 의미한다.

2012년 미국 스탠퍼드대학교에서 세운 MOOC형 강의인 '코세라(Coursera)'는 118개의 학교, 기관들과 파트너십을 맺고 964개에 달하는 강의를 무료 또는 아주 적은 비용으로 제공하고 있다. 스탠퍼드대학교가 구글(google)이나 AT&T와 같은 산업체와 제휴해 컴퓨터 공학에 집중된 강의를 제공하는 '유다시티(Udacity)'도 주목거리다.

메사추세츠공과대학(MIT)과 하버드대학교가 협업으로 운영하는 '에덱스(Edx)'도 65개 학교, 기관과 협력해 429개 강좌를 마찬가지 방식으로 제공하고 있다. 에덱스의 강좌는 과학 분야에 강점이 있는 것으로 유명한 데 다른 분야도 수준이 높은 것으로 유명하다.

이제 MOOC를 통하면 한국의 학생들이 미국에 가서 수업을 듣지 않아도 미국 명문대학의 수업을 무료나 저렴한 비용으로 들으면서 별도의 수수료를 내면 학위도 받을 수 있는 시대가 열리고 있는 것이다. 실제로 몽골 초원지대에서 살아온 한 소년이 MOOC를 통해 MIT대학에 들어간 것은 유명한 사례가 됐다.

이에 질세라 한국의 대학들도 교육 분야에서 숙명여대와 서울대 등을 필두로 한국형 무크(K-MOOC) 사업이 시작됐다. 20개 강좌로 시작된 K-MOOC는 2018년까지 강좌를 500개로 확대한다는 방침이다.

이처럼 교육분야까지 확대된 '공유경제'는 2008년 미국발 경제위기 이후 로렌스 레식 하버드 법대 교수가 처음 만들어낸 말이다. 공유경제는 쉽게 말해 '나눠쓰기'라는 개념으로, 자동차와 빈방, 책 등 활용도가 떨어지는 물건이나 부동산을 다른 사람들과 함께 공유하는 경제활동을 말한다.

미국의 세계적인 경제학자이자 문명비평가인 제러미 리프킨(Jeremy Rifkin) 미국 펜실베이니아대학교 와튼스쿨 교수가 말한 이른바 〈소유의 종말〉, 〈노동의 종말〉을 알린 새로운 시대의 경제 개념인 것이다.

'소프트웨어(soft ware)'가 중요한 힘을 가지는 시대가 열리는 것도 주목거리다.

하드웨어 기기 판매에 의한 수익은 일회성인데 반해 소프트웨어인 콘텐츠는 지속적인 수익을 창출할 뿐만 아니라 스스로 번식해 더 큰 생태계를 형성하기도 한다.

'네비게이션'이 대표적이다. 지도라는 핵심 소프트 콘텐츠 없이 내비게이터 기기만으로 올리는 수익은 바로 한계가 찾아오기 마련이다. 이처럼 자동차 부문에서 소프트 경쟁력이 생존을 좌우하는 시대를 준비해야 하는 것이다.

애플이 PC와 스마트폰 시대를 열고, 구글이 새로운 검색방법을 제시하면서 컴퓨터를 이용하는 우리의 생활과 방식은 혁명적인 변화를 겪고 있다. 컴퓨터에 기본이 되는 하드웨어가 다양한 형태로 나타났고, 컴퓨터를 이용한 사업 기회가 창출되고 새로운 활용방식이 나타나면서 스스로 생명력을 가진 비즈니스 생태계가 조성됐다.

산업시대 제조업의 왕자로 등극한 자동차도 마찬가지다. 자동차 산업이라고 했을 때, 자동차라는 물리적 기기만을 지칭하던 시대는 지난 것이다. 자동차가 단순한 이동성 욕구를 넘어 그것이 현대의 ICT기술과 융합되면서 어떤 혁명적인 변화들을 몰고 오는지 들여다 봐야 하는 시대가 열린 것이다.

이런 위기가 다가오고 있는 자동차 산업이 살아남으려면 어떤 준비를 해야 하는 것일까? 자동차 산업의 가장 큰 과제는 '인재의 확보'라고 할 수 있다. 결국 교육을 통해 자동차 산업도 불확실한 미래를 준비할 수 밖에 없는 처지가 된 것이다.

20세기 세계 산업계를 선도했던 자동차 분야의 우수한 인재가 유럽과 미국의 IT 기업으로 유출되는 현상이 심심치 않게 나타나고 있다. IT기업의 약진이 젊은이들의 기업가 정신을 눈뜨게 한 것은 물론이다. 상식을 파괴한 비즈니스가 운송사업 전반에 급속하게 확대되면서 이제 자동차 산업은 새로운 세상을 준비하지 않으면 생존이 어려운 절체 절명의 위기 상황이 찾아온 것이다.

지금 자동차 산업에서는 무슨 일이 일어나고 있는가? 그로 인해 우리의 생활은 어떻게 바뀌게 될 것인가?

2007년 애플의 아이폰, 2008년 구글의 안드로이드 단말기가 등장하고 클라우드 서비스가 발달하자 자동차도 이제 이런 기기들처럼 정보통신 단말기를 통해 외부와 상시 접속하는 것이 당연한 일이 되었다. 일명 '커넥티드 카(connected car)'이다.

카 셰어링(필요한 기간만큼만 자동차를 빌려서 사용하는 제도) 등 자동차 내부의 기술이 아니라 자동차 이용의 편리성을 높이는 운송 분야의 비즈니스에서도 다양한 아이디어가 구현되기 시작했다.

벤처캐피탈과 자동차 제조회사들은 모두 '조만간 크게 꽃을 피울 것 같은 싹'을 찾고자 눈에 불을 켜고 있다. 그것이 '스타트업(Start up)' 기업들이다.

자동차 제조회사는 이처럼 자동차 산업계와 생각의 관점이 전혀 다른 IT기업을 상대하기 위해 업계의 상식을 깨는 빠른 경영 판단을 내려야 하는 상황이 되었다. 자동차 산업의 최첨단 거점이 디트로이트에서 실리콘밸리로 넘어가고 있는 것이다.

다음은 구글카다. 구글카 개발의 종착점은 '우버'가 될 것으로 예상하는 사람들이 많다. 우버는 스마트폰 애플리케이션을 통해 일종의 콜택시 배차 서비스를 하는 벤처기업으로 구글 그룹에서 벤처캐피털 사업을 담당하는 '구글벤처'가 2013년 8월에 2억2800만 달러를 투자해서 만들어진 회사다.

그런 이유로 최종적으로는 구글이 우버를 완전히 사들여 세계 각지에서 자동운전 택시사업을 전개할 것으로 예상하는 사람들이 많다.

중국의 부상과
신기술 혁명

2007년 자신이 살던 뉴욕의 가산을 모두 정리하고 싱가포르로 이주하면서 "똑똑한 사람이라면 1807년에는 런던, 1907년에는 뉴욕, 2007년에는 베이징으로 옮겨야 한다"고 주장한 사람이 있다.

헤지펀드로 떼돈을 번 짐 로저스(Jim Rogers)가 바로 그 주인공이다. 그런데 그처럼 중국에서 사는 건 좋은 데 무슨 생각을 하면서 살아야 하는 것일까? 그리고 어떻게 돈을 벌어야 하는 것일까?

이런 사람들에게 설명을 쉽게 하려면 하나의 질문을 던지는 것으로도 충분할 것이다.

"미국의 치즈가격이 오르고 있다. 왜 그럴까?"

정답은 중국 사람들이 치즈 맛을 알게 돼서이다. 13억 5천만 명이 넘는 인구를 가진 중국의 생활수준이 높아지고 소비가 늘어나면서 벌어진 일이다. 마찬가지로 중국인의 소고기 소비가 늘어나면서 소사육 농가들도 비명을 지르기 시작했다.

사료 수요가 늘어나 옥수수 값이 오르자 아르헨티나 농장 주인들이 경쟁력이 없는 소사육을 멈추고 대신 그 땅에 옥수수를 심어 재배하고 있기 때문이다. 중국인이 기침하면 세계가 감기를 앓는 증세가 세계 곳곳에서 나타나고 있는 것이다.

또 중국의 커피 수요가 늘면서 전통적으로 보이차를 재배해 온 중국 운남성의 보이차밭이 점차 사라지고 있다는 소식이다. 보이차밭을 갈아엎고 커피를 재배하는 농가가 늘어나는 것이 주된 이유다.

세계의 공장으로 불리던 중국의 발전 속도가 이만큼 빠른 것이다.

중국인 부자들이 늘어나면서 교육 수요도 폭발적으로 늘어나고 있다는 분석이다. 중국의 명문대학에는 소위 국학 E-MBA(고급경영학 석사) 과정이 미어터진다. 등록금만 1억원이 넘는 E-MBA과정을 채우는 건 기업의 CEO들이다.

중국의 최고 경영자들이 E-MBA과정에서 하버드, MIT, INSEAD의 경영학을 배웠지만 이젠 중국 고전에서 배우는 중국식 경영학에도 눈을 뜨기 시작한 것이다. 요즘 중국의 잘 나가는 CEO의 차량 뒷자리에는 〈논어〉〈맹자〉〈주역〉과 같은 중국 고전 한두 권이 없는 이가 없다고 한다. 한국으로 치면 인문학 붐이다.

세계의 공장에서 시장으로 일어선 중국을 상대하려면 이처럼

2500년 전 공자의 지혜를 빌리지 않으면 안된다. 왜냐하면 중국은 상인의 나라이고 상인의 상술은 바로 동양의 성경인 〈논어〉에서 시작되기 때문이다. 리스크 관리는 세상의 변화를 읽는 〈주역〉이고, 기업가 정신은 바로 〈도덕경〉을 읽어보면 그 안에 답이 있다.

최고의 인사관리와 마케팅 교재는 〈삼국지〉이고, 경영전략의 모든 것은 〈손자병법〉에 모두 담겨있다. 인간 군상들의 심리학과 행동학이 모두 여기에 담겨 있는 것이다.

〈논어〉와 〈주역〉, 〈도덕경〉 그리고 〈손자병법〉과 〈삼국지〉를 읽지 않고 중국을 공략한다는 것은 죽음으로 다가가는 지름길과 같다고 할 수 있다.

이렇게 거대한 시장 중국에서 요즘 부활하고 있는 사람이 '공자'인 것이다. 스피드가 아니라 상상력의 시대가 열리면서 느리지만 세상을 관조하며 가장 효과적인 답을 내고 돌아가는 듯이 보이지만 결국 가장 합리적인 길을 택하는 중국인들의 철학이 세상을 지배하기 시작했다고 서양의 학자들은 말한다.

1870년대 불황기에는 인류의 생활에 획기적인 변화를 가져온 에디슨의 전화, 카네기의 철강, 록펠러의 석유정제 기술, 헨리 포드의 자동차 기술 등이 등장했다. 이런 획기적인 변화를 몰고 온 에디슨, 카네기, 록펠러, 헨리 포드는 큰 부자가 됐고 그들은 남은 재산으로 재단을 만들어 세상에 기여를 하며 살아가고 있다.

1929년 대공황 이후에는 폴라로이드 카메라, 레이더, 제트엔진,

테프론, 마이크로스코프, 나일론, 헬리콥터, 복사기 같은 새로운 발명품이 대거 등장했다.

1970년대의 불황에서는 도트 프린터, 잉크젯 프린터, 셀룰러폰, 비디오게임기, 워크맨, 고어텍스, 포스트잇, 이더넷, VCR, 인텔의 CPU, 시험관 아기가 등장했다.

1980년대의 불황기에는 애플의 PC와 빌 게이츠의 MS-DOS가 등장해 개인용 PC시대를 열었고, 1990년대 불황기에는 이메일, 야후, 이베이, 아마존, 게놈 같은 인터넷과 바이오 분야에서 신기술이 대거 등장했다.

2001년 닷컴 버블 이후에는 구글 검색엔진, 리눅스, 아이폰, 줄기세포 등이 나왔다.

2008년 글로벌 금융위기를 겪은 세계 경제에서 다시 세계를 장기간의 호황으로 이끌 신기술은 무엇일까? 그간의 첨단 유망산업을 자세히 들여다보면 최고의 유망산업은 바로 '사람'과 관련된 분야에서 나올 것으로 예측해 볼 수 있다.

돈은 인간의 일을 대신하면서 벌 수 있고, 인간이 가지지 못하는 것, 인간의 결핍에서 돈을 벌게 될 것이기 때문이다.

인간의 눈을 대신하는 기계가 비디오(Video)이고 귀를 대신하는 기계가 오디오(Audio)이다. 이들 2개를 합치면 'A/V' 시스템으로 불리는 가전제품이 되는 것이다. 눈과 귀를 통해 얻은 정보를 전달하는 신경기능을 대신하는 기계는 통신기기(communication)

이고 얻은 정보를 처리하는 인간의 뇌를 대신하는 기계는 컴퓨터(Computer)라고 부른다. 이 두 가지를 합친 것이 바로 'C&C'로 일컬어지는 정보통신기기의 세계라고 할 수 있다.

인터넷은 무엇일까? 사람의 뇌와 뇌를 연결하는 기계인 것이다. 요즘 현대인들은 모든 정보를 손안에 있는 컴퓨터 두뇌, 스마트폰에 넣어 다니고 있다. 사회관계망서비스(SNS)를 통해 실시간으로 다른 이의 머릿속에 들어갔다 나왔다를 손바닥 뒤집듯이 하고 산다.

이제 그 다음 세상은 무엇일까? 무엇이 우리를 기다리고 있을까? 전문가들은 인간과 물질세계의 소통이 이뤄질 것으로 내다보고 있다. '사물 인터넷(IOT·internet of everything)'이 바로 그것이다. 네트워크와 물질 세계간의 융합이 바로 사물 인터넷인 셈이다.

모든 사물에 통신이 가능한 전자 칩을 내장하고 무선으로 사람과 연결하는 기술. 이것이 다가오는 미래 세상을 획기적으로 바꿔놓을 것으로 전망된다.

인터넷과 센서가 집으로, 차로, 도로로, 사무실과 공장으로 진입하면 가정혁명, 운전혁명, 유통혁명, 생산혁명이 일어날 것으로 예상할 수 있다. 냉장고와 세탁기가 말을 하고, TV가 쇼핑을 하는 시대가 우리 곁으로 성큼 다가온 것이다.

보는 대로 정보를 검색하고 명령하는 구글 글라스와 알아서 자동으로 굴러가는 구글의 드라이브 카가 이미 등장했다.

2019년 세계 자동차 시장은 브레이크와 핸들이 필요 없는 자동차 시대가 열릴 것으로 예상한다. 구글과 애플이 이미 차세대 자동차 시장을 선점하기 위해 준비한 무인 자동차를 그 때쯤 내놓을 것으로 발표했기 때문이다.

세상의 변화는 여기서 멈추지 않는다. 직원이 퇴근하면 알아서 에어컨과 조명을 조절한다거나 아마존이 무인 수송기인 '드론'을 이용해 물건을 배달하는 택배사업이 이미 시범 서비스에 들어갔다.

디지털 눈과 센서를 가진 로봇과 드론이 3D업종을 대신하는 시대가 열리는 것이다. 이 모든 것이 이젠 모바일에서 '입는 컴퓨터(wearable computer)'를 통해 이뤄지고 있다.

보이는 대로 찍고, 조종하고 명령하는 사이 엄청난 정보가 '빅데이터(big data)'로 구축되는 것은 물론이다. 전문가들은 빅데이터가 20세기 지구촌을 지배한 원유보다 더 부가가치가 높은 새로운 자원이 될 것으로 예측한다.

입는 컴퓨터와 각종 인간의 오감을 닮은 센서와 이를 장착한 사물과 로봇, 정보를 처리할 반도체, 엄청난 빅데이터를 저장할 저장장치, 해커를 방지할 보안 시스템이 모두 새로운 초대형 성장산업이라고 말할 수 있다.

석탄을 사용한 증기기관 등장이 제1차 산업혁명을, 석유와 내연기관이 제2차 산업혁명을 가져왔다면 수소 연료전지, 태양광, 풍력 등을 포함한 녹색 에너지는 제3차 산업혁명을 가져올 가능성이 클 것으로 예측되고 있다.

1차 산업혁명의 주축인 증기기관과 2차 산업혁명의 핵심인 컨베이어 시스템이 제조업의 혁신을 이뤘다면, 빅데이터와 3D프린터, 지능형 로봇 같은 IT서비스와 첨단 로봇기술이 새로운 에너지와 맞물려 3차 산업혁명을 만들 가능성이 크다는 것이다.

21세기 들어 세상을 변화시킨 첫 번째 혁명의 기수가 '인터넷'이었다면, 두 번째 혁명의 바람잡이는 '스마트폰'이라고 말하는 데 어려움이 없을 것이다. 그렇다면 앞으로 20년 동안 세상을 바꿔나갈 신기술은 어떤 것이 될 수 있을까?

바로 이 세 번째 혁명은 '사물 인터넷' 혁명이 될 것이라는 데 전문가들은 일치된 견해를 나타내고 있다.

빅데이터는 이미 기업의 비즈니스 모델을 바꾸기 시작했다. 클라우드 컴퓨팅은 고객 관리를 새롭게 정립시키고 있다. 사물 인터넷은 기업을 '파는' 회사가 아니라 '부가가치'를 파는 회사로 바꿔나가고 있다.

기계와 사물이 말을 하고 소통하는 시대, 365일 24시간 일을 시켜도 불만이 없는 로봇을 휴대폰 가격으로 살 수 있는 시대가 성큼 우리 곁으로 다가오고 있다.

농업분야도 큰 변화의 회오리가 칠 것으로 예상된다. 농장이 아니라 농업공장에서 컴퓨터와 로봇이 물과 영양분으로 유리 상자에서 길러낸 유기농 채소와 질 좋은 한우고기를 식탁에서 마주할 날이 코앞에 다가온 것이다.

이렇게 '바다를 지배하는 자'와 '석유를 지배하는 자', '화폐를 지배하는 자'가 최근 500년간 세상의 지배자였지만 이젠 세상의 모든 '사물의 두뇌를 지배하는 자'가 진정한 지배자로 등장하는 시대가 시작됐다.

인터넷 검색업체 구글이 로봇회사를 사들이고, 인공위성 사업에 진출하는 것이 이젠 뉴스거리가 되지 않는 세상이다. 아프리카와 중남미의 오지까지 인터넷을 공급하기 위해 무인 비행기를 띄우는 이 놀라운 회사에서 일하겠다는 것이 젊은이들의 꿈이 된 세상이다.

독점자원은 소금, 철, 에너지에서 '달러'로 넘어왔고 이젠 '정보'로 다시 넘어왔다. '스피드'는 그동안 인간의 생존방식 가운데 매우 중요한 한가지였다. 북방의 오랑캐 기마민족이 남쪽의 따뜻하고 부유한 농업국 황제를 이기고 복속시킨 것은 모두 스피드 덕분이었다.

그러나 1초에 지구를 일곱 바퀴 반을 도는 스피드 시대에는 속도를 통제하는, 속도를 넘어서는 것이 있다. 바로 '상상력'이다. 상상력 다음은 이를 모아서 구슬을 꿰듯이 조합하는 조합력, 융합력이 중요해진다.

왜 융합일까? 정보의 스피드를 감당할 틀을 못 만들기 때문이다.

지금 중국에서는 정부의 보호막 속에서 중국판 구글과 유튜브, 페이스북인 중국의 바이두, 요우쿠, 위챗 같은 인터넷 서비스 기업이 거대한 중국의 내수시장을 무기로 순식간에 규모의 경제를 달성하며 이익을 내고 빠르게 성장하고 있다.

중국의 인터넷 경제를 보면 유통과 제조업을 아우른 'O2O(online to offline)' 분야에서 이미 그 비중이 미국을 넘어선지 오래다.

인터넷 경제가 유통업에서 차지하는 비중이 미국이 2,700억 달러로 6% 선인 데 반해, 중국은 이미 2,950억 달러로 8%에 달하고 있다. 또한 국내총생산(GDP)에서 차지하는 비중도 미국이 4.3%선인 데 비해 중국은 4.4%로 미국보다 비중이 높다.

이젠 중국을 만만하게 보아서는 안 된다. 싸구려 제품이나 만드는 제조 대국이 아니라 인터넷 대국으로 보아야 할 것이다.

세계 최대의 IT 하드웨어 기업, 반도체, LCD, 휴대폰 세계 1위 기업인 한국의 삼성전자를 위협하며 기세등등하게 세계 시장을 장악하고 있는 기업이 바로 중국의 샤오미다. 중국에서 철저하게 미국식 생산과 콘텐츠와 서비스 중심 전략으로 삼성에 도전장을 낸 것이 중국판 다윗 샤오미인 것이다.

샤오미는 하드웨어가 아니라 OS(운영체계), 그리고 콘텐츠에 승부를 걸고 거기서 돈을 먹는 기업이다. 기기는 값싸게 제공하고 대신 그 기기를 활용한 소프트웨어를 통해 부가수입을 창출하는 전략이다. 그만큼 부가가치가 높은 기업으로 탈바꿈할 가능성이 무궁무진한 것이다. 샤오미 모델은 그동안 미국 기업 애플만이 할 수 있는 모델이라고 생각해 왔다. 그런데 한국의 기업들이 해내지 못한 일을 중국의 기업들은 성공적으로 수행하고 있다.

이것이 우리가 중국을 무섭게 바라봐야 하고, 다가올 미래에 신기술 혁명을 통해 중국을 이겨나가야 하는 이유이다. 그 중심에 한국의 젊은이들이 있고, 이 새롭고 도전적인 젊은이들에게 상상력을 가르치고 도전하는 삶을 살게 할 수 있는 기제가 '교육' 밖에 없다는 것을 다시 한번 강조하려는 것이다.

화성으로
가는 길

　태양계의 붉은 별 '화성(Mars)'에서 환갑잔치를 열겠다고 공언하는 사람이 있다. 남아프리카공화국 출신으로 세계에서 가장 창의적인 기업인이라는 칭찬을 듣고 있는 엘런 머스크가 바로 그 주인공이다.

　그는 이 꿈을 이루기 위해 2030년쯤 우주에 자립도시를 건설하는 프로젝트를 진행하고 있다. '스페이스엑스'는 그 일을 위해 설립한 회사이고 그는 이 회사의 CEO이다.

　"15년 뒤엔 반드시 간다."

　입버릇처럼 말하는 44살 괴짜 천재의 말을 이제는 아무도 의심하지 않는다. 영화 아이언맨 주인공의 실제 모델로도 유명한 그는 우주 물자 수송에 이어 인류를 화성으로 이주시킨다는 원대한 계획을 가지고 있다. 마치 지난 16세기 대항해 시대에 탐험가들이 새로운 땅을 발견하자 희망을 찾아 신대륙으로 가는 배에 몸을 실었던 초기 청교도들을 연상케 하는 일이 벌어지고 있는 것이다.

당시에는 대서양이라는 바다에 몸을 던졌다면 지금은 우주라는 바다에 몸을 던지는 형국이라고 보면 된다.

그래서 사람들은 스페이스엑스의 CEO 엘런 머스크를 두고 이렇게 부르기를 주저하지 않는다. "지구상에서 가장 먼저 미래에 도착한 사나이."

그는 스티브 잡스가 우리 삶의 방식을 바꾼 것처럼, 우리가 살고 있는 세상을 바꾸고 있다는 평가를 받고 있는 것이다.

그가 가진 회사는 또 있다. 테슬라모터스(Tesla Motors)가 바로 그것이다. 전기차를 만드는 이 회사는 매사추세츠공과대학(MIT)이 선정한 '2015 가장 스마트한 기업 50' 순위에서 혁신기업 1위에 올랐다.

머스크는 미국 실리콘밸리에서 '괴짜'로 불리며 뜬구름 잡는 아이디어로 사업을 하는 것으로 유명하다. 그러나 그는 각기 다른 분야에서 모두 성공을 거두며 무모해 보이던 상상을 현실로 바꾸고 있다.

그가 만든 온라인 결제서비스 '페이팔(PayPal)'은 전자금융 시대를 열었고, 테슬라는 장난감 취급받던 전기차를 고급차로 변신시켰다.

그는 이러한 성공을 바탕으로 거머쥔 막대한 부를 털어 2002년

민간 우주항공회사 '스페이스 엑스'를 창업했다. "2030년까지 유인 우주선을 화성에 보내 8만여명이 거주할 수 있는 자립도시를 만들겠다"고 공언한 것이다.

머스크의 꿈은 이제 지구촌을 넘어 우주로 향하고 있다. 그는 스페이스 엑스를 통해 우주로 갈 수 있는 수단을 마련 중이다. 스페이스 엑스는 민간회사로는 처음으로 우주 로켓발사에 성공했고, 2012년 국제우주정거장(ISS)에 음식과 컴퓨터 등 물자를 수송하는 데 성공했다.

또한 그는 공동 창업한 솔라시티의 태양광 발전 기술을 바탕으로 '화성 자립도시'에 태양광 발전소도 지을 수 있다고 장담한다. '인터스텔라' 같은 영화에서나 있을 법한 일이 20년 안에 현실이 될 수도 있다는 것이다.

그의 '화성이주 계획'은 미국 항공우주국(NASA)이 최근 2030년 유인 화성탐사에 대비해 하와이의 마우나로아 화산 인근에서 화성생활을 가장한 고립 훈련을 시작하면서 더욱 주목을 받고 있다.

그는 왜 천문학적인 부를 거머쥐고도 한평생 편안히 살 수 있는 길을 포기하고 아무도 가지 않는 가시밭길을 걸어가는 것일까? 외부로부터 공상가라는 숱한 혹평을 들어가면서, 그리고 자기 재산을 털어가면서 화성 탐사, 재생에너지, 전기자동차에 모든 걸 쏟아붓는 이유는 무엇일까? '인류의 미래를 향한 열정' 때문이라는 것이 그의 대답이다.

"앞으로 인류의 미래에 정말 중요하고 필요한 것이 무엇인지 진지하게 고민한다"고 밝힌 그의 사업관에서 비장함마저 엿볼 수 있다.

머스크는 1971년 남아프리카공화국 프리토리아에서 태어났다. 전기기계 공학자인 아버지에게 영향을 받은 덕분인지 컴퓨터 프로그래밍을 독학했으며, 12살에는 비디오 게임 코드를 직접 짜서 500달러에 팔기도 했다. 17살이 되던 해, 가족과 함께 어머니의 고향인 캐나다로 이사한 그는 2년 뒤 킹스턴의 퀸스대학에 입학했고, 이후 미국 펜실베이니아 대학교로 편입해 물리학과 경제학 학사학위를 취득했다.

1995년에는 물리학 박사 학위를 취득하기 위해 스탠퍼드 대학에 들어갔지만 이틀 만에 자퇴한다. 그가 열망하던 인터넷과 재생에너지 그리고 우주로 향한 열망 때문이었다.

공상과학 소설에서나 보았던 과학적 상상을 하나하나 현실로 만들어 내는 그의 도전은 미국뿐 아니라 국내에서도 큰 관심을 불러일으키고 있다. 2015년 들어 국내 서점가는 〈엘런 머스크, 미래의 설계자〉(김영사), 〈테슬라 모터스〉(을유문화사) 등 그의 도전하는 삶을 소개하는 책들이 홍수를 이뤘다.

이재용 삼성전자 부회장도 머스크에 관심을 보인 것으로 알려졌다. 이 부회장은 2015년 5월 미국 출장길에 실리콘밸리 팰로앨토 테슬라 본사를 방문한 뒤 삼성 수뇌부에 "테슬라 같은 회사가 돼야 한다"며 테슬라를 실리콘밸리발(發) 혁신의 대표 사례로 언급했다고 한다.

"2030년까지 자체 개발한 우주선을 이용해 인류를 화성에 데려갈 수 있을 것"이라는 그의 공언대로 화성에 인류의 식민지를 건설할 수 있을지 지금 세계가 그를 주목하고 있다.

3년 전인 2012년 미국 NASA의 제트추진연구소 엔지니어인 '애덤 스텔츠너'는 화성탐사선인 '큐리오시티'호의 화성 착륙을 진두지휘해 일약 스타덤에 오른다.

당시 화성착륙 장면이 미국 주요 방송에 의해 생중계되고 있었는데, 지구의 사막과 비슷한 환경에 내려앉는 탐사선 '큐리오시티'를 향해 북을 치는 동작으로 이렇게 말했기 때문이다.

"봐라! 저기가 우리 인류가 가서 살아야 할 땅이다."

그 해 미국 대학입시에서 '천문학과'는 초유의 인기를 누렸다. 미국 고교 졸업생의 48%가량이 장차 화성에서 살기 위해 '천문학'을 전공하겠다고 밝혔을 정도다.

애덤 스텔츠너의 성공담도 거의 입지전적이다. 고등학교를 제대로 졸업하지 못하고 밤무대에서 드럼을 연주하며 살아가던 그가 밤하늘의 별을 사랑하게 돼 10년간의 독학에 가까운 공부 끝에 나사에 합격하고 이후 8년 만에 화성탐사선의 사령관이 된 이력이 화제가 된 것이다.

화성으로 인간을 보내기 위한 인간의 노력은 아직도 계속 되고 있다. 2015년에는 인류 역사상 최초로 화성에 흐르는 물이 발견되었다는 미국 NASA의 공식 발표가 있었다. 화성에 생명체가 존재할 가능성이 점쳐지는 이유다.

화성의 기온은 겨울에 영하 150도, 여름에는 영상 35도, 평균 기온이 영하 70도 정도라고 하니 남극대륙에서 사람이 영하 60도의 온도에서도 살아가고 있는 것을 감안하면 화성에서 사람이 살 수 있는 시대가 머지않았다고 판단하는 것도 무리는 아니다.

2014년 '우리는 반드시 답을 찾을 것이다'라는 슬로건으로 유명한 영화 '인터스텔라'에 이어, 2015년 영화 '마션(화성인)'이 흥행에 성공하고 있다. 바로 머나먼 화성에 가서도 죽지 않고 반드시 살아 돌아온다는 확실한 메시지를 미래세대인 청소년들에게 전하고 싶은 미국 NASA의 뜻이 강력하게 반영된 것이라고 한다.

이것은 미래사회를 향한 인류의 염원과 도전이 '지속가능한 성장'과 '생존'임을 보여주는 좋은 사례라고 할 수 있다. 미래 사회를 준비하는 한국의 교육이 그리고 선생님들이 기억해야 할 메시지인 것이다. 그것은 좋아하는 일을 찾아 끝까지 포기하지 않고 도전하는 태도라고 할 수 있다. 대한민국의 학교는 아이들에게 이런 호기심과 열정을 전염시킬 수 있는 교육환경을 만들고 그것을 유지하는데 교육력을 모아야 하는 것이다.

이런 지속가능한 미래에 대한 꿈을 꾸도록 만드는 것이 대한민국 인성교육의 목표가 되어야 한다.

대륙과
해양세력의
가교

　대한민국이 미래에도 지속 가능한 성장을 구가하려면 국제 질서의 틈바구니에서 살아남을 수 있는 인재를 길러내는 수 밖에 없다.

　먼저 세계 정치와 경제 질서를 살펴보면, 유럽과 미국 그리고 떠오르는 중국이라는 세계 3대 주축 세력을 이해해야 한다. 모든 길은 로마로 통한다는 라틴 질서를 만들어낸 로마제국의 뒤를 이어, 대항해 시대의 포르투갈, 스페인, 네덜란드의 해양세력 다툼을 통일한 대영제국이 세계 문명사에 끼친 영향은 실로 대단한 것이다.

　이 시기 세계 문명의 중심은 섬나라 영국의 수도 '런던'이었다.

　프랑스 시민혁명으로 시민세력이 역사의 중심에 나타나면서 산업혁명을 통해 역대 어느 시기보다 인류는 대량 생산으로 인한 풍요의 시기를 겪게 된다. 하지만 부의 쏠림으로 소외된 노동계층이 새로운 기회를 찾아 신대륙으로 삶의 터전을 이전하고 유럽의 봉건 왕조가 쓰러지는 가운데 세계대전이라는 최악의 재앙이 인류를 덮친다.

이 모순을 정리하고 세계사의 중심에 선 나라는 미국이었다. 미국은 식민지 시대를 마감하고 문화와 과학기술의 시대를 열었다. 금융을 통해 세계 경제질서를 재편한 것은 물론이다.

이 새로운 질서의 중심에는 세계 경제의 중심인 '뉴욕'이 있었다. 세계의 자본은 물론 인재들이 이곳으로 몰려들었다.

이제 지식중심 경제가 일어나면서 새로운 질서는 뉴욕이 있는 미국 동부에서 IT기업들이 포진해 있는 미국 서부로 옮겨갔다. 그곳은 미국의 문화를 만드는 할리우드가 있는 곳이기도 하다.

이곳에 이주한 젊은 동양인들은 세계 첨단의 기업문화를 익히고, 새로운 과학기술 지식에 자신의 고국에서 DNA로 심어진 전통적인 사상을 융합해 새로운 기업문화를 일궈내고 있다. 이제 더 이상 전쟁은 없었고, 새로운 시장을 개척하기를 원하는 세력은 인구가 많고 개발여지가 많은 아시아와 아프리카로 눈을 돌리고 있다.

죽의 장막을 걷어내고 13억이 넘는 인구를 기반으로 한 중국은 세계의 공장에서 세계의 시장으로 변모하면서 미국과 함께 G2국가로 성장하고 말았다. 21세기를 여는 세계의 희망은 이제 중국의 베이징으로 자리를 옮긴 것이다.

이렇게 세계는 유럽과 미국 중심의 세계에서 미국과 떠오르는 중국이라는 두 세력으로 재편된 것이다.

미국은 전통적인 유대관계를 이뤄온 유럽에 이어 일본과 호주, 뉴질랜드 등 오세아니아 세력과 손을 잡고 세계 질서를 '바다'를 중심으로 한 경제질서로 재편하고 싶어한다.

반면에 중국은 유라시아 대륙을 기반으로 동남아까지 묶어내 '대륙 경제'를 도모하고 있다. 멀리 라틴아메리카와 아프리카까지 묶어내는 신흥제국의 건설을 위해 바닷길을 열고자 하는 노력도 끊임없이 시도하고 있다.

이것이 시진핑 국가주석이 주도하고 있는 일대일로(一帶一路) 사업이다.

일대일로는 중앙아시아와 유럽을 잇는 육상 실크로드(일대)와 동남아시아와 유럽, 아프리카를 연결하는 해상 실크로드(일로)를 뜻하는 말로, 시진핑(習近平) 중국 국가주석이 2013년 9~10월 중앙아시아 및 동남아시아 순방에서 처음 제시한 전략이다.

중국이 태평양 쪽의 미국을 피해 육상 실크로드는 서쪽, 해상 실크로드는 남쪽으로 확대하기 위하여 600년 전 명나라 정화(鄭和)의 남해 원정대가 개척한 남중국-인도양-아프리카를 잇는 바닷길을 장악하는 것이 목표이다.

육상 실크로드는 신장 자치구에서 시작해 칭하이성-산시성-네이멍구-동북지방 지린성-헤이룽장성까지 이어지며, 해상 실크로드는 광저우-선전-상하이-칭다오-다롄 등 동남부 연안도시를 잇는다.

중국과 중앙아시아, 남아시아, 서아시아를 연결하는 핵심적 거점으로는 신장자치구가 개발되며 동남아로 나가기 위한 창구로는 윈난성이, 극동으로 뻗어나가기 위해 동북 3성이, 내륙 개발을 위해서는 시안이 각각 거점으로 활용된다. 중국과 아시아를 연결하는 해상 실크로드의 거점으로는 푸젠성이 개발된다.

일대일로가 구축되면 중국을 중심으로 육·해상 실크로드 주변의 60여 개국을 포함한 거대 경제권이 구성되며 유라시아 대륙에서부터 아프리카 해양에 이르기까지 60여 개의 국가, 국제기구가 참가해 고속철도망을 통해 중앙아시아, 유럽, 아프리카를 연결하고 대규모 물류 허브 건설, 에너지 기반시설 연결, 참여국 간의 투자 보증 및 통화스와프 확대 등의 금융 일체화를 목표로 하는 네트워크를 건설한다.

2049년 완성을 목표로 하며 인프라 건설 규모는 1조 400억 위안(약 185조 원)으로 추정된다. 이를 위해 중국은 400억 달러에 달하는 신(新) 실크로드 펀드를 마련하고 아시아인프라투자은행(AIIB)을 통해 인프라 구축을 뒷받침할 계획이다.

AIIB에는 창립회원국 신청은 2015년 3월31일, 대한민국을 비롯해 57개국의 대표들이 한 자리에 모여 가입 협정문에 공식 서명을 했다. 대한민국은 8개월간의 고민 끝에 같은 해 4월26일 가입의사를 중국에 통보하였다.

이렇게 일대일로 구축으로 중국은 안정적 자원 운송로를 확보할 수 있게 되었고, 이는 경제 성장까지 이어질 것으로 보인다. 중국의 과잉 생산을 해소하는 방안이 되고 건설 수요 급증으로 지역 간 균형 발전을 이룰 수 있을 것으로 기대된다. 또 중국이 세계 최대 규모인 외환 보유액을 효과적으로 활용할 수 있는 방안으로 분석되고 있다.

세부 방안으로는 정책소통, 시설연통, 무역창통, 자금융통, 민심상통 등 5통이 꼽혔다. ▷정책소통은 각 정부 간 전략, 대책 교류 및 협력 강화 ▷시설연통은 도로, 철도 등 교통망과 통신망, 에너지 운송 및 저장을 위한 기초시설 연결 ▷무역창통은 자유무역지대 및 투자무역협력대상 확대(투자 및 무역 장벽 제거) ▷자금융통은 위안화 국제화, AIIB와 브릭스(BRICS) 개발은행 설립 추진 ▷민심삼통은 민간의 문화교류 강화를 뜻한다.

한편 중국이 중심이 되고 주변국으로 뻗어나가는 형태의 일대일로 전략이 중화주의(中華主義, 중국의 자문화 우월주의)의 부활이 아니냐는 우려가 높아지고 있다. 또한 오바마 미국 대통령이 2015년 2월 의회에 제출한 국가안보전략 보고서인 아시아 재균형정책(미국 주도로 아시아 태평양 지역을 군사적 · 경제적으로 묶는 전략)과 대립되면서 아시아 지역에 대한 두 국가의 주도권 경쟁이 치열해지고 있다.

이에 대한 반발로 일본의 아베정권도 새로운 평화헌법을 발의하고 군사력을 키우는 등 목소리를 높이고 있으며, 센카쿠(중국명 댜오위다오) 열도를 놓고 중국과 영토분쟁을 벌이고 있다.

아베 일본총리는 미국을 방문해 18년 만에 미일 방위 협력 지침을 개정하고 동맹체제를 맺으면서 중국과 갈등이 점점 더 커지고 있다. 이로써 일본의 군사대국화 문제가 다시 대두되고 있는 것이다.

이런 정치질서 속에서 중국의 일대일로 사업을 견제하고 해양 경제세력을 묶어내기 위해 출범하는 것이 TPP라고 할 수 있다.

TPP(Trans-Pacific Partnership)는 환태평양경제동반자협정의 줄임말로, 아시아·태평양 지역국 간에 진행 중인 광역 자유무역협정(FTA)을 말하는 것이다.

2005년 6월 뉴질랜드·싱가포르·칠레·브루나이 등 4개국 체제로 시작했으며 2013년 4월 현재 미국·캐나다·멕시코·호주·뉴질랜드·싱가포르·브루나이·베트남·말레이시아·칠레·페루 등 11개국이 참여하고 있다. 협상 참가국이 모두 최종 협정에 서명하면 국내 총생산 합계로 세계 경제의 40퍼센트를 차지하는 최대 규모의 자유무역 지대가 아시아·태평양 지역에 만들어질 것으로 예측되고 있다.

TPP는 복수국 간 FTA이지만 '예외 없는 관세 철폐'를 추구하는 등 양자 FTA 이상으로 높은 수준의 포괄적 자유화를 목표로 하고 있다는 게 특징이다. 후발 참가국은 기존 협상국들과 사전 협의를 벌여 교섭 참가를 승인받아야 한다. 일본은 2013년 3월 15일 TPP에 참여한다고 전격 선언했다. TPP 협상 참가 11개국은 4월 20일 일본을 TPP 협상 참가국에 포함한다고 승인했다.

TPP에 특히 공을 들이고 있는 국가는 미국이다. 미국은 애초 TPP에 큰 관심을 보이지 않았다. 하지만 2008년 세계무역기구(WTO) 도하 라운드가 사실상 좌초하고 'ASEAN+3(동남아국가연합+한ㆍ중ㆍ일)'의 역내 자유무역협정(RCEP)이 중국 주도로 빠르게 제도화되면서 위기감을 느끼고 TPP에 매진하고 있다.

미국식 FTA를 TPP의 표준 모델로 삼아 앞으로 형성될 아시아ㆍ태평양 지역의 통상 질서에서 주도권을 쥐기 위해서이다. 미국은 TPP의 기본 합의를 2013년 10월 아시아ㆍ태평양경제협력체(APEC) 정상회의에서 이끌어내는 것을 목표로 하고 있다.

중국은 TPP에 대해 민감한 반응을 보이고 있다. TPP가 중국을 배제하는 '중국 배제 블록'이 될 가능성을 우려하고 있기 때문이다. 미국은 겉으로는 "TPP에 중국이 참여하는 것보다 더 좋은 일은 없다"라고 말하고 있지만 사실상 TPP는 중국이 가입을 희망해도 안되는 구도로 짜여 가고 있다.

TPP 협상은 국유 기업의 불공정한 지위나 행위에 대한 규제와 정부 구매, 지식재산권, 노동권 및 환경보호 등 정부 주도 경제인 중국이 아직 감당하기 어려운 내용까지 다루고 있을 뿐만 아니라

TPP 11개국 가운데 한 곳이라도 거부권을 행사하면 참여할 수 없기 때문이다.

중국이 TPP에 의심의 눈초리를 보내는 것도 이 때문이다. 중국은 경제적 이유보다 정치적 차원의 목적을 달성하기 위해 미국이 TPP 협상에 적극 뛰어들었다고 생각한다. 아ㆍ태 국가들의 중국 경제 의존도를 줄여 중국의 부상을 막겠다는 미국의 지정학적 의도가 TPP에 개입되어 있다고 보는 게 중국의 시각인 셈이다.

미국은 한국의 TPP 협상 참여를 요구하고 있고, 대한민국 박근혜 정부는 TPP참여를 적극 추진하겠다고 밝힌 상태이다.

TPP 협상 참가국들은 2013년 9월 각료 회의를 개최하고 10월 아시아ㆍ태평양경제협력체 정상회의를 계기로 TPP 정상회의를 열 계획이다. 중국은 TPP에 맞서 RCEP에 집중하고 있다.

이렇듯 세계 경제는 미국와 일본 중심의 해양세력과 중국 중심의 대륙 세력으로 똘똘 뭉친 블록경제를 향해 달려가고 있다.

다행인 것은 한반도의 지정학적인 위치라고 할 수 있다. 한국 전쟁이후 대한민국 경제는 미국과 일본의 시스템에 묶여 고속 성장을 이어왔다. 한미 동맹관계는 어느 때보다 굳건하다. 이런 상황에서 세계 경제의 47%를 차지하는 환태평양 국가들의 경제연합체에 다리를 걸치는 것은 국익을 위해서도 매우 중요하다.

이에 앞서 중국 중심의 일대일로 사업을 지원하기 위한 AIIB에 가입해 이 경제 동맹체의 지분 5.7%를 차지함으로써 향후 대륙에서 이어지는 각종 인프라 사업에 참여할 명분과 지위를 갖추게 된 것이다.

이제 대한민국은 목포와 부산에서 기차를 타고 러시아와 중국을 거쳐 유럽에 가는 유라시아 시대의 일원으로 발전할 수 있는 기반을 갖추게 됐다. 이는 남북한의 통일을 전제로 한 것이다. 한반도의 평화통일이 대륙과 해양 세력 양쪽 모두의 경제이익에 부합하는 환경을 만들어냄으로써 한반도의 통일에 우호적인 환경을 만들기 시작한 것이다.

그래서 한반도의 통일이 중요한 것이다. 그리고 통일시대를 대비한 교육을 철저히 준비해야 할 시점에 온 것이다. 대한민국의 아이들은 유라시아 대륙을 철길로 달리고, 부산과 인천, 목포 항을 통해 전 세계 바다를 누비는 새로운 르네상스 시대를 열어갈 행복한 세대이다.

어느 쪽에도 치우치지 않고 친구로 만들어나가면서 세계 공영에 이바지하는 소통과 협력의 동반자 시대를 열어가는 미래 인재로 길러낼 책임이 이제 대한민국 교육계에 부여된 소명이라고 할 수 있는 것이다.

통일 한국의
미래

대한민국의 미래는 통일된 한반도에서 우리 아이들이 활동할 수 있는 나라를 만드는 데 달려있다고 해도 과언이 아니다. 역대 정권 대통령들은 누구나 평화적인 통일을 이야기하지 않은 사람이 없는데 박근혜 대통령도 그의 이니셜처럼 '통일대박'론을 내세워 많은 국민들의 관심과 지지를 이끌어내고 있다.

교육분야에서도 '통일을 준비하는 교육'은 매우 중요한 것이다. 얼마전 통일교육을 위한 모임에서 나는 이렇게 이야기했다.

"초등학생이 미술시간에 그린 한반도기에 휴전선을 갈라놓은 그림만 있을 뿐 연결고리가 없는 것을 봤다. 경부고속도로를 타고 가다 보면 눈에 띄는 이정표가 보인다. 바로 '아시안 하이웨이'가 그것이다. 이것처럼 분단의 벽을 뚫고 신의주, 중국, 러시아까지 연결되는 그림을 그리는 일이 미술교육에서 통일교육이라고 나는 생각한다. 인성교육도 각 교과 안에서 해야 하듯이 통일교육도 도덕교육 안에서의 통일교육이 아닌, 교과활동 안에서 통일을 위한 관점을 갖는 교사 교육이 필요하다고 나는 생각한다. 한국교총이 앞으로 그런 일들을 해 나가고 밑알이 되도록 하겠다."

모임에 참석한 한 고등학교 선생님도 아이들에게 통일에 대한 그림을 그리라고 하니 한반도기에 휴전선을 갈라놓은 그림만 그리더라며 맞장구를 치던 것을 지금도 잊을 수 없다.

하지만 통일에는 막대한 비용이 들어간다.

30년 넘게 통일을 준비한 독일의 경우 1990년부터 2010년가지 3,060조원을 쏟아 부은 것으로 알려져 있다. 그럼에도 동독 지역의 경제력은 구 서독의 70% 수준에 머물렀고 독일 경제는 엄청난 타격을 입었다.

1990년 독일 통일 당시 1인당 국내총생산(GDP)은 서독이 2만 5,000 달러, 동독이 8,500 달러였다. 서독은 냉전 체제 아래 서방 진영에서 가장 잘 사는 국가 중 하나였고 동독 역시 공산권 중에선 소련 다음으로 가장 잘 살았다. 동독과 서독의 1인당 국민소득 격차는 약 3:1 정도였다. 소득격차가 그 만큼 적었다고 볼 수 있다.

하지만 한반도의 상황은 다르다. 2012년 기준으로 남한의 1인당 명목상 GDP는 2만3,000 달러, 북한은 1,000 달러 안팎으로 차이가 18대 1을 넘는다. 동북 아시아에서 북한은 사실상 유일하게 국민소득이 세 자리이며 남한과의 격차는 1인당 소득 기준으로 40대 1이 넘고 전체 소득은 80대 1이 넘는 엄청난 격차라고 할 수 있다.

이런 상황에서 미국의 랜드연구소는 한국의 통일비용이 72조 5,400억원에서 최고 1,989조원이 들어갈 것으로 추측하고 있다. 조세연구원은 통일이 된 뒤 10년 정도 국내 총생산 GDP의 7~12% 정도의 통일 비용이 들어갈 것으로 예측한다. 삼성경제연구소는 2015년 통일이 된다는 가정아래 남한의 최저 생계비 수준을 북한에 지원한다는 전제로 2025년까지 545조 8,000억원이 소요될 것으로 예상했다. 미국의 스탠포드 대학은 2,340조에서 5,850조원이 들어간다고 예측했다.

이런 가운데 현대경제연구원 홍순직 수석연구위원은 '남북통일, 편익이 비용보다 크다'는 보고서에서 통일의 경제적 이익이 비용보다 많다고 분석해, 통일을 위해 막대한 재원을 쏟아 부어야 하지만 통일이 가져다줄 이득이 이보다 더 많다고 주장한다.

홍 연구위원은 남북한이 하나의 통합국가로 정치 · 경제 · 사회 시스템이 안정을 이루면서 정상 운영되기 위해 부담해야 되는 비용을 북한 주민의 1인당 소득이 최소 3,000 달러 이상에 도달하는 데 소요되는 남한의 투자비용을 통일비용으로 정의했다.

홍 연구위원은 "북한이 과거 남한의 1970~80년대 경제 성장 추이를 따른다고 가정하고, 그 당시의 한계자본산출계수 등을 적용하여 통일비용을 산정했다"며 "추정 결과 3,000 달러 달성에는 통일 후 10년간 약 1,570억 달러, 7,000 달러와 1만 달러 달성에는 각각 4,710억 달러와 7,065억 달러가 소요될 전망"이라고 밝혔다.

홍 연구위원은 통일로 인해 남북한이 경제적·비경제적으로 얻게 되는 모든 형태의 이익을 통일편익이라 정의하고, 경제적 편익 중에서 통일비용이 북한에 투자될 때 남한이 얻게 되는 경기활성화 효과와 통일로 인한 절감 효과(국방비 감축 및 국가위험도 감소 효과)로 통일편익을 한정하였다.

통일비용의 대북 투자로 인한 남한 산업의 부가가치 유발 효과를 통해 경기를 활성화하고, 특히 남한의 GDP대비 국방비 비중(2.8%)이 통일독일 수준(1.5%)으로 국방비를 감축할 수 있을 것으로 전망했다.

또 통일로 인한 국가위험도 감소 효과는 신용등급 상향 조정에 따르는 외채상환이자 부담 경감으로 통일비용 1,570억 달러보다 약 630억 달러 많은 2,200억 달러의 통일 편익이 발생하고, 이외에도 북한의 노동력 활용과 지하자원 개발, 관광수입 등의 남북 공동의 경제협력 확대에 따른 편익이 발생하여 통일비용 대비 통일편익은 훨씬 커질 것으로 예상했다.

홍 연구위원은 "과도한 통일비용 부담에 대한 부정적 인식 확산을 차단해야 한다"며 "안정적 통일여건 조성을 위해 통일방안과 통일재원 마련에 대한 사회적 합의를 도출해야 한다"고 주장한다. 그는 또 "통일비용 최소화와 통일편익 극대화를 위해 사전적 통일비용 지출을 확대해야 한다"며 "평화통일에 대한 우호적 환경 조성을 위해 통일 외교를 강화해야 한다"고 주장한다.

홍 연구위원의 지적대로 남북협력기금 미사용분 적립이나 통일세 부과, 국채 및 복권 발행 등 통일재원을 위한 방안을 검토하고, 남북통일이 한반도는 물론, 동북아의 평화에 기여한다는 점을 주변국들에게 이해시켜 통일에 대한 국제적 지지와 협력을 유도해야 한다는 점도 기억해둘 만한 점이다.

이런 민족의 중차대한 과제인 통일 문제를 교육 분야에서는 어떻게 다루어야 하는 것일까?

통일 준비에서 무엇보다 중요한 것이 '통일교육'이라는 것은 누구나 다 알고 있는 사실이다. 하지만하지만 실제로 통일교육이 입시위주의 학교교육 때문에 제대로 이뤄지지 않고 있는 것도 사실이다.심지어 일부에서는 과거 반공교육 차원에서 교육이 시행되고 있기도 하다. 따라서 통일준비를 구체적으로 실천하기 위해서는 민-관 각 영역 및 부문별 전문인력 양성을 통해 통일을 준비하고 일선 학교 교사들이 참여하는 체계적인 통일교육 과정개발이 필요하다고 본다.

효과적인 통일교육을 위해서는 ▲ 핵심 교육기관 간 실질적 협력을 통한 통일교육의 안정적 체계 형성 ▲ 통일관련 교과교육 중심의 체계적 통일교육 ▲ 교원 연수 지원 및 전문교사 양성 등이 필요한 것이다.

또한 창의적 체험 활동 중 통일 관련 동아리 활동을 상설 동아리로 활성화 하면 통일에 보다 큰 관심을 가진 학생들을 지속적으로 활동할 수 있게 할 것이다. 또 통일교육은 교육을 담당할 주체가 누구냐에 따라서 내용과 성격이 달라질 가능성이 매우 크고 학생들의 교육내용 수용도 상당히 다를 수 있기 때문에 통일교육의 내용과 방법을 자율화하는 것보다는 내용과 방법에 대한 '표준화된 지침(또는 매뉴얼)'을 학교 현장에 제공하는 것이 바람직할 것이다.

결국 통일교육을 준비하는 데도 교육을 행하는 주체인 '교사'의 의식과 역할이 중요한 것이다.

통일은 정부의 노력만으로 이루어지는 것이 아니다. 평화통일의 기반을 구축하기 위해서는 국민들의 통일에 대한 관심과 열망이 무엇보다 중요할 것이다. 특히 미래세대인 청소년과 대학생들의 통일 공감대를 모아 나가는 것은 통일을 앞당기는 지름길이자, 통일 이후 통합을 이끌어내는 밑바탕이 될 것이다.

선생님들의 적극적인 참여와 의지만이 통일교육을 제대로 할 수 있고, 이런 밑바탕을 토대로 대한민국의 미래를 그려나가는 노력이 필요한 것이다.

21세기 학교는 기초학력을 바탕으로 다양한 인성교육이 이뤄지는 공간이 되어야 할 것이다. 이때의 인성교육은 더불어 함께 사는 공동체 교육은 물론이고 남북한이 함께 살아갈 시대를 준비하는 통일교육까지도 광범위하게 포함된 종합적인 개념이라고 보아야 한다.

대한민국의 미래 성장엔진으로서 '교육'이 중요해지고
지속가능한 '성장'과 '생존'이 인류의 염원이 된 지금,
학교는 학생들에게 상상력과 호기심, 그리고 열정을 불어넣으며
기초학력 위에 다양한 인성교육을 이루는 공간이 되어야 한다.

학교에서 인생을 가르치자!

대한민국 교육은 디지털화, 글로벌화된

사회변화를 헤쳐나갈 수 있는

미래성장동력이 되어야 한다.

이제 교사를 중심으로 지역사회와 학교,

시민단체와 국가가 합심하여

인성교육을 실천하여 교육의 변화를 열어가자.

학교에서
인생을
가르치자!

대한민국의 미래는 디지털화, 글로벌화 된 사회변화에 대응하는 미래인재를 육성하는 학교교육에 그 운명이 달려있다고 해도 과언이 아니다.

문제는 '아이들의 미래역량을 어떻게 길러줄 것인가?' 이다.

아이들의 미래역량을 기르려면 학교는 지식뿐만 아니라 협력과 소통, 창의와 인성 등 21세기적 가치를 지닌 조화로운 인간을 길러내야 한다. 학교 교육이 '지식' 중심에서 나아가 공감능력을 지닌 '인성' 교육으로 발전해 나가야 하는 것이다. '인생을 가르치는 학교'가 필요한 이유가 바로 여기에 있다.

이를 위해 교사 혼자가 아닌 지역사회와 학교, 시민단체와 국가가 힘을 합해 아이들을 길러내는 '교육 협치'의 시대를 열어야 한다. 물론 그 중심에는 교사가 있다.

안양옥의 〈인성을 가르치는 학교〉는 이런 화두를 고민하면서 쓰여졌다.

처음 이 책을 집필하면서 나는 우리 사회와 학교가 나아가야 할 방향과 해결책을 찾기 위해 무엇을 고민해야 할지 화두(話頭 · Agenda) 찾기에 골몰했다. 그리고 그 배경으로 다음과 같은 사실들을 고민하기 시작했다.

먼저 지금까지 우리 교육을 지배해 온 '입시위주'의 교육만으로는 대한민국의 허리인 중산층을 떠받치고 그들의 꿈을 지켜내는 데 한계점에 봉착했다는 사실에 주목했다.

사회의 변화도 무척이나 빠르게 진행되고 있다. 특히 그동안 학교 교육의 전유물이라고 할 지식교육에 있어서는 정보화의 급속한 진행으로 지식의 반감기가 더욱 좁혀지고 있다는 데 착안해야 했다. 다산 정약용 선생님이 활약하던 시기인 1790년에서 1900년까지는 지식의 반감기가 150년 정도 됐다. 이는 한번 익힌 지식으로 150년간 사용하는 데 아무런 지장이 없다는 뜻이기도 하다.

그런데 산업혁명의 영향으로 1900년에서 1950년 사이에는 이것이 50년으로 줄더니 급기야는 1970~80년대는 10년으로 단축되었다.

이런 지식의 팽창으로 학생들의 지식을 전수하는 교과서는 10년에 한 번씩 갱신되다가 2007년 이후에는 3년에 한 번씩 개정되고도

모자라 수시로 바꿔야 하는 지경에 이르렀다. 빠르게 변하는 사회를 쫓아가느라 대학입시 제도가 하루가 멀다 하고 바뀌는 것은 물론이다.

전문가들은 2025년 이후 1년 동안 생산될 정보의 양이 인류 태초의 시점부터 1950년까지 생산된 정보량을 능가할 것으로 전망하고 있다. 지식이 73일에 한번씩 업데이트 될 것이란 이야기다.

이런 시대를 맞아 학교 교육도 달라져야 한다. 그 중심에 선생님이 있는 것은 물론이다.

먼저 칠판에서 백묵을 들고 일방적으로 지식을 주입하던 강의형 수업에서 벗어나야 한다. 그리고 학생들이 참여해 문제를 발견하고 이유를 찾아내는 참여와 사고(thinking) 중심의 수업으로 빠르게 변화해야 한다. 수업방법 개선이 강하게 요구되고 있는 것이다.

학교가 공교육 중심으로 정상화되려면, 공교육 개선과 성장을 통해 신뢰받는 교육 거버넌스를 구축하는 것도 중요한 과제다. 공교육의 신뢰를 회복하려면 이제 학교도 인생을 가르쳐야 하는 것이다.

선생님이 중심이 되어주되, 지역사회가 학교 교육활동에 관심을 가지고 참여할 수 있도록 문호를 활짝 열어야 한다. 지역사회와 학교, 시민단체와 국가가 힘을 합해 인성교육을 위한 범국민 운동(캠페인)을 벌여야 하는 것이다. 나는 이것을 '교육 협치(敎育 協治)'의 시대가 열려야 한다고 부르고 싶다.

이렇게 학교교육에 지역사회가 동참하는 구조를 만들어 공교육

안양옥의 인성을 가르치는 학교

의 신뢰를 회복해야 하는 것이다.

문제는 이것만이 아니다.

저출산 저성장 시대를 맞아, 대한민국 사회는 불확실한 미래와 불투명한 개인의 삶으로 인해 심각한 몸살을 앓고 있다. 중국의 거센 도전으로 세계 일류 무대를 밟은 지 얼마 안 된 한국의 경제적 지위는 심하게 요동을 치고 있다. 샌드위치 경제라는 자조적인 분석이 고개를 드는 시점이다.

대한민국 교육은 이런 시대를 헤쳐나갈 수 있는 미래성장 동력이 되어야 한다. 대한민국 경제성장을 견인하는 미래형 인재를 육성하는 것만이 유일한 해결책이 될 수 있기 때문이다.

기회는 남북관계에도 주어져 있다. 중국의 부상과 일본의 부침으로 해양세력과 대륙세력이 첨예한 대립을 하고 있는 한반도는 여전히 기회의 땅이다. 남북한이 힘을 합해 인구 8000만명의 거대한 민족을 이루고 부산과 목포역을 출발한 기차가 북한 땅을 거쳐 유라시아 대륙을 달려 유럽 땅까지 연결되는 세상에서 우리 아이들이 춤을 추며 살아갈 수 있도록 통일시대를 대비한 대한민국 정체성 교육의 필요성이 어느 때보다 중요해졌다.

나는 〈인성을 가르치는 학교〉를 집필하면서 대한민국의 미래를 만들어가는 학교교육을 위해 다음과 같은 4가지 방향에서 고민의 해답을 찾아나갔다.

1. 학교도 인생을 가르치자

학교에서 배운 지식은 오래가지 못하는 시대이다. 따라서 지식은 스스로 배우고 학교는 문제를 해결하는 방법을 익히고 사회성 함양 등 인성을 기르는 곳이어야 한다.

사람을 만나 관계를 익히고 협력을 통해 갈등을 해결하는 사회공동체 교육을 학교는 제공해야 하는 것이다. 정작 우리 아이들이 사회 생활에 필요한 인생의 철학과 살아가는 방법을 가르치는 데 학교는 진정 성공하고 있는지 의문이 들었다.

이런 복잡한 사회문제를 해결하는 방법은 오래된 경험에서 나온다는 판단이 들었다. 결국 사람의 문제이기 때문이다. 미래의 문제도 마찬가지다. 과거의 경험에서 해결책을 응용해야 풀리는 것들이다. 인문학적 상상력과 창의성을 통해 스스로 삶을 찾아나가는 역동적인 인재를 길러내야 할 이유다.

이제 학교도 인생을 가르쳐야 한다. '오래된 미래'와 그것을 읽어내는 교육의 힘으로 학교를 '인생을 가르치는 곳'으로 다시 돌려놓아야 한다. 내가 〈인성을 가르치는 학교〉를 집필한 가장 큰 이유이기도 하다.

2. 내 인생의 거울 '선생님'

인성교육은 어디서 시작하는 것일까?

나는 인성이 서로 마주보는 '관계'에서 만들어진다고 믿는 사람이다. 따라서 교사와 학생, 부모와 자식, 친구와 친구 사이의 관계가 매우 중요해진다.

전통적으로 지식은 학교에서 배우고 인성은 가정에서 배우는 것으로 인식되어져 왔다. 성장기 아동의 인성을 형성하는 데 가장 중요한 존재는 어머니와 아버지, 형제자매와의 관계에서 만들어진다고 보았기 때문이다. 하지만 상황이 달라졌다.

저출산의 영향으로 집안에는 형제가 없는 외톨이 아이들이 많아졌고 맞벌이 가정이 늘면서 가정교육은 예전같지 못한 상황이 만들어 진 것이다. 학교는 그나마 아이들이 모여 관계를 형성하고 사회성을 기르는 곳이다. 학교가 인성교육의 중심 공간이 된 것이다.

이제 인성교육은 가정보다 학교의 책임이 더욱 무거워졌다. 학생의 올바른 인성교육은 거울이 되어주는 '교사'와의 관계에서 형성되기 때문이다. 교사의 존재가 곧 인성교육의 내용이자 방법이 되는 시대가 열린 것이다.

3. 미래를 만드는 힘 '역량'

불확실성 사회에서 확실한 '생존'을 도모하려면 살아가는 역량이 충분히 있어야 한다. 아이들에게 이런 역량을 길러 주려면 지금까지의 방법과는 전혀 다른 학교수업이 이뤄져야 한다. '역량중심 교육이 바로 그것이다. 지금까지 대량생산의 모델이 되어 온 산업사회 시대의 수업모델인 'teaching' 중심에서 학습자 중심인 'learning'으로 수업모델이 바뀌어야 하고, 나아가 문제해결 능력을 길러주는 'thinking' 수업으로 전환해 나가야 하는 것이다.

이때 특히 중요한 것이 비판적인(Critical) 사고(thinking) 능력을 기르는 것이다. 창의와 인성을 기르는 교육이 바로 그것이다. 이는 수업방법 개선을 동반하는 것으로 학교교육의 개선을 위한 교육혁명이 반드시 필요한 시점이다.

미래역량의 핵심은 서로 협력적인 방식으로 문제를 해결해 나갈 수 있도록 커뮤니케이션 능력을 길러주는 것이다. 창의적인 사고와 도전적인 자세로 사물에 접근하고 호기심을 가지고 주변인에게 긍정적인 인식을 심어줄 수 있는 태도가 올바른 사람이어야 하는 것이다. 따라서 미래역량을 길러주는 교육의 핵심은 이런 태도를 길러주는 인성교육에 달려있다고 보아야 한다.

4. 대한민국 성장엔진 '교육'

2014년 기준으로 대한민국 국내총생산(GDP) 규모는 1조4104억 달러로 세계 13위 규모에 해당했다. 세계시장에서 점유율이 1위인 제품은 조사된 50개 품목 가운데 스마트폰과 리튬이온전지, 낸드플래시메모리, 초박형TV, DRAM, 중소형 액정패널, 대형 액정패널, 조선 등 8개나 됐다.

하지만 이런 고도 성장이 그대로 유지될 것이라고 생각하는 것은 참으로 낭만적인 생각이다. 구미와 일본 등의 선진 기술을 추격하는 한국 경제의 한계가 분명히 드러나고 있기 때문이다. 샤오미와 화웨이 등 급부상하는 중국 기업의 추격을 따돌리는 것도 시급한 과제다.

위기를 극복하고 지속가능한 성장을 이어가려면 새로운 먹거리와 성장엔진을 계속 발굴하는 방법 밖에 없다. 그것이 바로 '창조 경제'이다. 이것을 구축하려면 교육 분야에서 창의적인 선도자를 기르는 역할을 떠맡아야 한다. '교육'을 통한 소프트웨어의 힘을 기르는 것이 대한민국의 성장엔진이 되어야 한다.

이런 창의적인 인재를 길러내려면 우리 교육은 어디로 가야할까? 나는 역설적이게도 '인성교육'에 그 해답이 있다고 자신있게 말할 수 있다. 교육이 대한민국의 성장엔진인 것이다. 교육에 대한 투자가 대한민국의 미래를 위한 가장 확실한 투자인 것이다.

이제 인성교육의 실천을 통해 대한민국 교육의 변화를 도모할 차례다. 먼저 인성교육을 바라는 교육자들이 머리를 맞대고 범국민이 참여하는 인성교육의 장을 마련해야 한다.

창의적인 발상과 도전으로 수업을 개선하고 인성교육을 위해 헌신하는 교사들을 찾아내 그들을 응원하고 지원해야 한다. 인성교육의 확산을 위해 학교밖 사람들의 참여를 늘리는 것도 필수적이다.

미래를 만드는 교사를 찾고, 그들과 함께 학교에서 대한민국의 미래를 찾는 사업이 활발하게 전개되어야 한다.

'학교가 대한민국의 미래이고 그 중심에 교사가 있다'는 사실을 모든 국민들이 이해하고 응원할 수 있도록 인성교육을 위한 토론의 마당을 열고 대한민국 국민과 학교가 행복한 교육비전을 통해 "삶의 질을 향상시키는 미래교육으로서 인성교육"을 발전시키는 미션을 수행해야 한다. 이것이 실천적인 인성교육이다.

새로운 만남, 즐거운 경험, 행복한 기쁨을 통해 관계를 복원하고 경험을 공유하며 공감하는 미래인재를 길러내는 일에 대한민국 교사와 모든 국민들이 함께 참여할 수 있도록 학교환경을 개선하고 인성교육을 위한 교사대회와 수업자료전을 확대해 나가야 한다.

2014년 나는 가수인 윤형주 장로를 만나 '교육이 희망'인 이 나라의 교사들을 위해 '스승의 길'을 노래로 만들어 달라고 간청하였다.

그 해 4월26일 발표된 이 노래는 제자를 사랑으로 가르치는 헌신적인 스승의 모습과 함께 굳은 신념과 사명감으로 교육의 길로 나아가는 교육자의 모습을 표현했다는 평가를 받고 있다.

1966년 만들어진 '스승의 은혜'가 제자의 관점에서 스승의 높은 은혜를 기리고 존경과 감사를 표현했다면, '스승의 길'은 스승의 관점에서 제자에 대한 무한한 사랑과 헌신을 담아낸 노래이다.

제자를 하나의 인격체로 올바른 방향으로 이끌어주고 그의 앞길에 빛을 제시해주는 스승으로서의 책임, 교육자로서의 역할을 다하겠다는 의지가 듬뿍 묻어난다.

또, 이 노래는 대한민국 선생님뿐만 아니라 전 세계의 선생님들에게 바치는 노래이기도 하다. 세계적으로 교직에 대한 노동자 직업관이 우세를 떨치는 현실 앞에서, 노동자로서의 교사가 아닌 전문직으로서의 스승의 모습을 구현해, 교직의 가치를 되살리고 올바른 교육자로서 우뚝서주기를 바라는 간절한 마음이 담겨있다.

한국교총과 윤형주 장로가 공동으로 만든 '스승의 길'은 이제 대한민국 방방곡곡의 모든 학생·학부모·교사가 함께 부르는 애창곡이 되기를 소망해 본다. 그리고 이제 그 노래가사를 마음으로부터 불러본다.

"내가 하늘을 그리면- 어느새 아이들은 새가 된다- 내가 산을 그리면- 어느새 아이들은 나무가 된다- 때로는 힘들지만- 쉬운 길이 어디 있어- 내가 택한 스승의 길- 어찌 편하길 바랄까- 이 세상에 한 아이만 남더라도- 나는 그의 스승- 자랑스런 스승이다 사랑하고- 가르친다- 내 시간 태워 위대한 스승의 길- 영원하라- 스승의 길- 오늘도 간다"

선생님들이 희망이다. 대한민국의 미래는 우리 아이들을 가르치는 선생님들의 어깨 위에 놓여 있다. 선생님들과 함께 만들어가는 '인생학교'. 그것이 내가 꿈꾸는 〈인성을 가르치는 학교〉이다.

인성교육진흥법
[시행 2015.7.21.] [법률 제13004호, 2015.1.20., 제정]

제1조(목적) 이 법은 「대한민국헌법」에 따른 인간으로서의 존엄과 가치를 보장하고 「교육기본법」에 따른 교육이념을 바탕으로 건전하고 올바른 인성(人性)을 갖춘 국민을 육성하여 국가사회의 발전에 이바지함을 목적으로 한다.

제2조(정의) 이 법에서 사용하는 용어의 뜻은 다음과 같다.
1. "인성교육"이란 자신의 내면을 바르고 건전하게 가꾸고 타인·공동체·자연과 더불어 살아가는 데 필요한 인간다운 성품과 역량을 기르는 것을 목적으로 하는 교육을 말한다.
2. "핵심 가치·덕목"이란 인성교육의 목표가 되는 것으로 예(禮), 효(孝), 정직, 책임, 존중, 배려, 소통, 협동 등의 마음가짐이나 사람됨과 관련되는 핵심적인 가치 또는 덕목을 말한다.
3. "핵심 역량"이란 핵심 가치·덕목을 적극적이고 능동적으로 실천 또는 실행하는 데 필요한 지식과 공감·소통하는 의사소통능력이나 갈등해결능력 등이 통합된 능력을 말한다.
4. "학교"란 「유아교육법」 제2조제2호에 따른 유치원 및 「초·중등교육법」 제2조에 따른 학교를 말한다.

제3조(다른 법률과의 관계) 인성교육에 관하여 다른 법률에 특별한 규정이 있는 경우를 제외하고는 이 법에서 정하는 바에 따른다.

제4조(국가 등의 책무) ① 국가와 지방자치단체는 인성을 갖춘 국민을 육성하기 위하여 인성교육에 관한 장기적이고 체계적인 정책을 수립하여 시행하여야 한다.
② 국가와 지방자치단체는 학생의 발달 단계 및 단위 학교의 상황과 여건에 적합한 인성

교육 진흥에 필요한 시책을 마련하여야 한다.

③ 국가와 지방자치단체는 학교를 중심으로 인성교육 활동을 전개하고, 인성 친화적인 교육환경을 조성할 수 있도록 가정과 지역사회의 유기적인 연계망을 구축하도록 노력하여야 한다.

④ 국가와 지방자치단체는 학교 인성교육의 진흥을 위하여 범국민적 참여의 필요성을 홍보하도록 노력하여야 한다.

⑤ 국민은 국가 및 지방자치단체가 추진하는 인성교육에 관한 정책에 적극적으로 협력하여야 한다.

제5조(인성교육의 기본방향) ① 인성교육은 가정 및 학교와 사회에서 모두 장려되어야 한다.
② 인성교육은 인간의 전인적 발달을 고려하면서 장기적 차원에서 계획되고 실시되어야 한다.
③ 인성교육은 학교와 가정, 지역사회의 참여와 연대 하에 다양한 사회적 기반을 활용하여 전국적으로 실시되어야 한다.

제6조(인성교육종합계획의 수립 등) ① 교육부장관은 인성교육의 효율적인 추진을 위하여 대통령령으로 정하는 관계 중앙행정기관의 장과의 협의와 제9조에 따른 인성교육진흥위원회의 심의를 거쳐 인성교육종합계획(이하 "종합계획"이라 한다)을 5년마다 수립하여야 한다.
② 종합계획에는 다음 각 호의 사항이 포함되어야 한다.
1. 인성교육의 추진 목표 및 계획
2. 인성교육의 홍보
3. 인성교육을 위한 재원조달 및 관리방안
4. 인성교육 핵심 가치 · 덕목 및 핵심 역량 선정에 관한 사항

5. 그 밖에 인성교육에 관하여 필요한 사항으로 대통령령으로 정하는 사항

③ 교육부장관은 종합계획의 중요사항을 변경하는 경우 제1항에 따른 관계 중앙행정기관의 장과의 협의와 제9조에 따른 인성교육진흥위원회의 심의를 거쳐야 한다. 다만, 법령의 개정이나 관계 중앙행정기관의 관련 사업계획 변경 등 경미한 사항을 변경하는 경우에는 그러하지 아니하다.

④ 교육부장관은 제1항 또는 제3항에 따라 종합계획을 수립하거나 변경하였을 때에는 지체 없이 이를 관계 중앙행정기관의 장에게 통보하여야 한다.

⑤ 특별시 · 광역시 · 특별자치시 · 도 및 특별자치도 교육감(이하 "교육감"이라 한다)은 종합계획에 따라 해당 지방자치단체의 연도별 인성교육시행계획(이하 "시행계획"이라 한다)을 수립 · 시행하여야 한다.

⑥ 교육감은 제5항에 따라 시행계획을 수립하거나 변경하였을 때에는 이를 지체 없이 교육부장관에게 통보하여야 한다.

⑦ 종합계획 및 시행계획의 수립 · 시행 등에 필요한 사항은 대통령령으로 정한다.

제7조(계획수립 등의 협조) ① 교육부장관과 교육감은 종합계획 또는 시행계획의 수립 · 시행 및 평가를 위하여 필요한 경우 관계 중앙행정기관의 장, 지방자치단체의 장 및 교육감 등에게 협조를 요청할 수 있다.

② 제1항에 따른 협조를 요청받은 자는 특별한 사유가 없으면 이에 따라야 한다.

제8조(공청회의 개최) ① 교육부장관과 교육감은 종합계획 및 시행계획을 수립하려는 때에는 공청회를 열어 국민 및 관계 전문가 등으로부터 의견을 청취하여야 하며, 공청회에서 제시된 의견이 타당하다고 인정되는 때에는 이를 종합계획 및 시행계획 수립에 반영하여야 한다.

② 제1항에 따른 공청회 개최에 필요한 사항은 대통령령으로 정한다.

제9조(인성교육진흥위원회) ① 인성교육에 관한 다음 각 호의 사항을 심의하기 위하여 교육부장관 소속으로 인성교육진흥위원회(이하 "위원회"라 한다)를 둔다.

1. 인성교육정책의 목표와 추진방향에 관한 사항

2. 종합계획 수립에 관한 사항

3. 인성교육 추진실적 점검 및 평가에 관한 사항

4. 인성교육 지원의 협력 및 조정에 관한 사항

5. 그 밖에 인성교육 지원을 위하여 대통령령으로 정하는 사항

② 위원회는 위원장을 포함한 20명 이내의 위원으로 구성한다.

③ 위원회의 위원장은 위원 중에서 호선하되, 공무원이 아닌 사람으로 한다.

④ 위원회의 위원은 다음 각 호의 어느 하나에 해당하는 사람 중에서 대통령령으로 정하는 바에 따라 교육부장관이 임명 또는 위촉한다. 이 경우 위원은 공무원이 아닌 사람이 과반수가 되도록 한다.

1. 교육부차관, 문화체육관광부차관(문화체육관광부장관이 지명하는 차관), 보건복지부차관 및 여성가족부차관

2. 국회의장이 추천하는 사람 3명

3. 인성교육에 관한 학식과 경험이 풍부한 사람 중에서 대통령령으로 정하는 사람

⑤ 위원회가 심의한 사항을 집행하기 위하여 인성교육 진흥과 관련된 조직·인력·업무 등에 필요한 사항은 교육부령으로 정한다.

⑥ 그 밖에 위원회의 구성·운영에 필요한 사항은 대통령령으로 정한다.

제10조(학교의 인성교육 기준과 운영) ① 교육부장관은 대통령령으로 정하는 바에 따라 학교에 대한 인성교육 목표와 성취 기준을 정한다.

② 학교의 장은 제1항에 따른 인성교육의 목표 및 성취 기준과 교육대상의 연령 등을 고려하여 대통령령으로 정하는 바에 따라 매년 인성에 관한 교육계획을 수립하여 교육을

실시하여야 한다.

③ 학교의 장은 인성교육의 핵심 가치 · 덕목을 중심으로 학생의 인성 핵심 역량을 함양하는 학교 교육과정을 편성 · 운영하여야 한다.

④ 학교의 장은 인성교육 진흥을 위하여 학교 · 가정 · 지역사회와의 연계 방안을 강구하여야 한다.

제11조(인성교육 지원 등) ① 국가 및 지방자치단체는 가정, 학교 및 지역사회에서의 인성교육을 지원하기 위한 교육 프로그램(이하 "인성교육프로그램"이라 한다)을 개발하여 보급하여야 한다.

② 국가와 지방자치단체는 인성교육프로그램의 구성 및 운용 등을 전문단체 또는 전문가에게 위탁할 수 있다.

③ 교육감은 인성교육프로그램의 구성 및 운용 계획을 해당 학교 인터넷 홈페이지에 게시하는 등의 방법으로 학부모에게 알릴 수 있도록 하여야 한다.

④ 학부모는 국가, 지방자치단체 및 학교의 인성교육 진흥 시책에 협조하여야 하고, 인성교육을 위하여 필요한 사항을 해당 기관의 장에게 건의할 수 있다.

⑤ 그 밖에 가정, 학교 및 지역사회에서의 인성교육 진흥 등에 필요한 사항은 대통령령으로 정한다.

제12조(인성교육프로그램의 인증) ① 교육부장관은 인성교육 진흥을 위하여 인성교육프로그램을 개발 · 보급하거나 인성교육과정을 개설(開設) · 운영하려는 자(이하 "인성교육프로그램개발자등"이라 한다)에 대하여 인성교육프로그램과 인성교육과정의 인증(이하 "인증"이라 한다)을 할 수 있다.

② 인증을 받고자 하는 인성교육프로그램개발자등은 교육부장관에게 신청하여야 한다.

③ 교육부장관은 제2항에 따라 인증을 신청한 인성교육프로그램 또는 인성교육과정이

교육내용 · 교육시간 · 교육과목 · 교육시설 등 교육부령으로 정하는 인증기준에 적합한 경우에는 이를 인증할 수 있다.

④ 제3항에 따른 인증을 받은 자는 해당 인성교육프로그램 또는 인성교육과정에 대하여 교육부령으로 정하는 바에 따라 인증표시를 할 수 있다.

⑤ 제3항에 따른 인증을 받지 아니한 인성교육프로그램 또는 인성교육과정에 대하여 제4항의 인증표시를 하거나 이와 유사한 표시를 하여서는 아니 된다.

⑥ 제1항부터 제3항까지에 따른 인증의 절차 및 방법 등에 필요한 사항은 교육부령으로 정한다.

⑦ 교육부장관은 제1항부터 제3항까지에 따른 인증 업무를 교육부령으로 정하는 바에 따라 전문기관 또는 단체 등에 위탁할 수 있다.

제13조(인증의 유효기간) ① 제12조제3항에 따른 인증의 유효기간은 인증을 받은 날부터 3년으로 한다.

② 제1항에 따른 유효기간은 1회에 한하여 2년 이내에서 연장할 수 있다.

③ 제2항에 따른 인증의 연장신청, 그 밖에 필요한 사항은 교육부령으로 정한다.

제14조(인증의 취소) 교육부장관은 제12조제3항에 따라 인증한 인성교육프로그램 또는 인성교육과정이 다음 각 호의 어느 하나에 해당하는 경우에는 그 인증을 취소할 수 있다. 다만, 제1호에 해당하는 경우에는 취소하여야 한다.

1. 거짓, 그 밖의 부정한 방법으로 인증받은 경우

2. 제12조제3항에 따른 인증기준에 적합하지 아니하게 된 경우

제15조(인성교육 예산 지원) 국가 및 지방자치단체는 인성교육 지원, 인성교육프로그램 개발 · 보급 등 인성교육 진흥에 필요한 비용을 예산의 범위에서 지원하여야 한다.

제16조(인성교육의 평가 등) ① 교육부장관 및 교육감은 종합계획 및 시행계획에 따른 인성교육의 추진성과 및 활동에 관한 평가를 1년마다 실시하여야 한다.

② 교육부장관과 교육감은 인성교육 평가결과를 종합계획 및 시행계획에 반영할 수 있다.

③ 그 밖에 인성교육의 추진성과 및 활동 평가에 필요한 사항은 대통령령으로 정한다.

제17조(교원의 연수 등) ① 교육감은 학교의 교원(이하 "교원"이라 한다)이 대통령령으로 정하는 바에 따라 일정시간 이상 인성교육 관련 연수를 이수하도록 하여야 한다.

② 「고등교육법」 제41조에 따른 교육대학·사범대학(교육과 및 교직과정을 포함한다) 등 이에 준하는 기관으로서 교육부령으로 정하는 교원 양성기관은 예비교원의 인성교육 지도 역량을 강화하기 위하여 관련 과목을 필수로 개설하여 운영하여야 한다.

제18조(학교의 인성교육 참여 장려) 학교의 장은 학생의 제11조제1항에 따른 지역사회 등의 인성교육 참여를 권장하고 지도·관리하기 위하여 노력하여야 한다.

제19조(언론의 인성교육 지원) 국가 및 지방자치단체는 범국민적 차원에서 인성교육의 중요성에 대한 인식을 공유하고 이들의 참여의지를 촉진시키기 위하여 필요한 경우 언론(「언론중재 및 피해구제 등에 관한 법률」 제2조에 따른 방송, 신문, 잡지 등 정기간행물, 뉴스통신 및 인터넷신문 등을 포함한다)을 이용하여 캠페인 활동을 전개하도록 노력하여야 한다.

제20조(전문인력의 양성) ① 국가 및 지방자치단체는 인성교육의 확대를 위하여 필요한 분야의 전문인력을 양성하여야 한다.

② 교육부장관 및 교육감은 제1항에 따른 전문인력을 양성하기 위하여 교육 관련 기관 또는 단체 등을 인성교육 전문인력 양성기관으로 지정하고, 해당 전문인력 양성기관에

대하여 필요한 경비의 전부 또는 일부를 지원할 수 있다.

③ 제2항에 따른 인성교육 전문인력 양성기관의 지정기준은 대통령령으로 정한다.

제21조(권한의 위임) 교육부장관은 이 법에 따른 권한의 일부를 대통령령으로 정하는 바에 따라 교육감에게 위임할 수 있다.

제22조(과태료) ① 다음 각 호의 어느 하나에 해당하는 자에게는 500만원 이하의 과태료를 부과한다.

1. 거짓이나 그 밖의 부정한 방법으로 제12조에 따른 인증을 받은 자

2. 제12조제5항을 위반하여 인증표시를 한 자

② 제1항에 따른 과태료는 대통령령으로 정하는 바에 따라 교육부장관이 부과 · 징수한다.

부칙〈제13004호, 2015.1.20.〉

이 법은 공포 후 6개월이 경과한 날부터 시행한다.

인성교육진흥법 시행령
[시행 2015.7.21.] [대통령령 제26403호, 2015.7.20., 제정]

제1조(목적) 이 영은 「인성교육진흥법」에서 위임된 사항과 그 시행에 필요한 사항을 규정함을 목적으로 한다.

제2조(인성교육종합계획의 수립 등) ① 「인성교육진흥법」(이하 "법"이라 한다) 제6조제1항에서 "대통령령으로 정하는 관계 중앙행정기관의 장"이란 다음 각 호의 사람을 말한다.

1. 기획재정부장관

2. 행정자치부장관

3. 문화체육관광부장관

4. 보건복지부장관

5. 여성가족부장관

6. 그 밖에 교육부장관이 법 제6조제1항에 따른 인성교육의 효율적인 추진 및 인성교육 종합계획(이하 "종합계획"이라 한다)의 수립을 위하여 협의가 필요하다고 인정하는 중앙행정기관의 장

② 법 제6조제2항제5호에서 "대통령령으로 정하는 사항"이란 다음 각 호의 사항을 말한다.

1. 인성교육을 위한 인프라 구축에 관한 사항

2. 학교 인성교육 실천에 필요한 사항

3. 가정 인성교육 실천에 필요한 사항

4. 범사회적 인성교육 실천 및 확산에 필요한 사항

③ 교육부장관은 종합계획을 계획 개시 연도의 전년도 9월 30일까지 수립하여야 한다.

④ 교육부장관은 종합계획을 수립하거나 변경한 경우에는 특별시·광역시·특별자치

시 · 도 및 특별자치도(이하 "시 · 도"라 한다)의 교육감(이하 "교육감"이라 한다)에게 통보하여야 한다.

제3조(인성교육시행계획의 수립 등) ① 교육감은 법 제6조제5항에 따른 해당 지방자치단체의 연도별 인성교육시행계획(이하 "시행계획"이라 한다)을 매 학년도 시작 3개월 전까지 수립하여야 한다.

② 교육감은 시행계획을 수립하거나 시행계획을 변경한 경우에는 소속 학교 및 기관에 통보하여야 한다.

③ 시행계획에는 다음 각 호의 사항이 포함되어야 한다.

1. 인성교육 진흥을 위한 학교 교육과정 편성 · 운영에 관한 사항

2. 지역 인성교육 우수 사례 발굴 및 확산에 관한 사항

3. 학교 · 가정 및 지역사회에서의 인성교육 실천 및 확산을 위하여 필요한 지원에 관한 사항

4. 지역의 인성교육을 위한 재원조달 및 관리방안

5. 그 밖에 인성교육 진흥 및 지원에 관한 사항

제4조(공청회의 개최 등) ① 교육부장관 및 교육감은 법 제8조제1항에 따라 공청회를 개최하는 경우 공청회 개최 14일 전까지 다음 각 호의 사항을 관보, 공보, 교육부 · 교육청의 인터넷 홈페이지 또는 일간신문에 1회 이상 공고하여야 한다.

1. 공청회의 개최 목적

2. 공청회의 개최 일시 및 장소

3. 종합계획안 또는 시행계획안의 개요

4. 그 밖에 공청회 개최에 필요한 사항

② 제1항에 따라 공고한 종합계획안 또는 시행계획안의 내용에 대하여 의견이 있는 사람

은 공청회에 참석하여 직접 의견을 진술하거나, 교육부장관 또는 교육감에게 서면 또는 전자우편 등으로 의견을 제출할 수 있다.

제5조(인성교육진흥위원회의 심의사항) 법 제9조제1항제5호에서 "대통령령으로 정하는 사항"이란 다음 각 호의 사항을 말한다.

1. 법 제9조제5항에 따른 인성교육 진흥과 관련된 조직 · 인력 · 업무 등에 관하여 필요한 사항

2. 법 제10조에 따른 학교에 대한 인성교육 목표와 성취 기준에 관한 사항

3. 법 제12조에 따른 인성교육프로그램과 인성교육과정 인증 기준에 관한 사항

4. 학교 · 가정 및 지역사회 등의 인성교육을 지원하기 위하여 교육부장관이 인성교육진흥위원회(이하 "위원회"라 한다)에 심의를 요청하는 사항

제6조(위원회의 구성 및 운영 등) ① 법 제9조제4항제3호에서 "대통령령으로 정하는 사람"이란 다음 각 호의 어느 하나에 해당하는 사람을 말한다.

1. 다음 각 목의 어느 하나에 해당하는 경력이 15년 이상인 사람으로서 학교 · 교육행정기관 또는 「교육기본법」 제15조에 따른 교원단체의 추천을 받은 사람. 다만, 다음 각 목 중 둘 이상의 경력이 있는 사람의 경력은 합산한다.

가. 교육경력

나. 교육행정경력

다. 교육연구경력

2. 학부모를 대표하는 사람으로서 학부모단체 등이 추천한 사람

3. 인성교육 분야의 전문지식과 연구경험이 풍부한 사람으로서 관련 단체 및 학회의 추천을 받은 사람

4. 법조계 · 종교계 · 언론계 · 문화계 또는 「비영리민간단체 지원법」 제2조에 따른 비영리

민간단체에 해당하는 시민단체의 추천을 받은 사람

② 위원회의 위촉된 위원의 임기는 2년으로 하며, 한 차례만 연임할 수 있다.

③ 위원회의 위원장(이하 "위원장"이라 한다)은 위원회를 대표하며, 위원회의 업무를 총괄한다.

④ 위원장이 부득이한 사유로 그 직무를 수행할 수 없을 때에는 위원장이 미리 지명한 위원이 그 직무를 대행한다.

제7조(위원회의 회의 등) ① 위원장은 회의를 소집하고, 그 의장이 된다.

② 위원장은 다음 각 호의 어느 하나의 경우에 위원회의 회의를 소집한다.

1. 법 제9조제1항 및 이 영 제5조에 따른 심의사항을 심의하기 위하여 필요한 경우

2. 교육부장관이 위원회 개최를 요구하는 경우

3. 재적위원 3분의 1 이상이 위원회 개최를 요구하는 경우

4. 그 밖에 위원장이 위원회를 개최할 필요가 있다고 인정하는 경우

③ 위원장이 회의를 소집하려면 회의의 일시·장소 및 안건 등을 회의 개최 7일 전까지 서면으로 위원회의 위원(이하 "위원"이라 한다)에게 알려야 한다. 다만, 긴급한 심의사항이 있는 등 부득이한 사유가 있는 경우에는 회의 개최 1일 전까지 서면, 전화 또는 휴대전화 문자메시지 등의 방법으로 위원에게 알릴 수 있다.

④ 위원회의 회의는 재적위원 과반수의 출석으로 개의(開議)하고, 출석위원 과반수의 찬성으로 의결한다.

⑤ 위원장은 안건과 관련하여 필요하다고 인정하는 경우에는 전문가 및 관계 공무원 등을 회의에 참석하게 하여 의견을 들을 수 있다.

⑥ 위원회에 출석한 위원과 전문가 등에게는 예산의 범위에서 수당과 여비를 지급할 수 있다. 다만, 공무원인 위원이 그 소관 업무와 직접적으로 관련되어 위원회에 출석하는 경우에는 그러하지 아니하다.

제8조(위원의 제척 등) ① 위원이 다음 각 호의 어느 하나에 해당하는 경우에는 위원회의 심의 · 의결에서 제척(除斥)된다.

1. 위원이나 그 배우자 또는 배우자였던 사람이 해당 안건의 당사자(당사자가 법인 · 단체 등인 경우에는 그 임원을 포함한다. 이하 이 호 및 제2호에서 같다)이거나 그 안건의 당사자와 공동권리자 또는 공동의무자인 경우

2. 위원이 해당 안건의 당사자와 친족인 경우

3. 위원이 해당 안건에 관하여 증언, 진술, 자문, 연구, 용역 또는 감정을 한 경우

4. 위원이나 위원이 속한 법인 · 단체 등이 해당 안건 당사자의 대리인이거나 대리인이었던 경우

② 해당 안건의 당사자는 위원에게 공정한 심의 · 의결을 기대하기 어려운 사정이 있는 경우에는 위원회에 기피(忌避) 신청을 할 수 있고, 위원회는 의결로 해당 위원의 기피 여부를 결정한다. 이 경우 기피 신청의 대상인 위원은 그 의결에 참여하지 못한다.

③ 위원이 제1항 각 호에 따른 제척 사유에 해당하는 경우에는 스스로 해당 안건의 심의 · 의결에서 회피(回避)하여야 한다.

제9조(위원의 해촉) 교육부장관은 위원이 다음 각 호의 어느 하나에 해당하는 경우에는 해당 위원을 해촉할 수 있다.

1. 심신장애로 인하여 직무를 수행할 수 없게 된 경우

2. 직무태만, 품위손상이나 그 밖의 사유로 위원으로 적합하지 아니한 경우

3. 제8조제1항 각 호의 어느 하나에 해당함에도 불구하고 회피하지 아니한 경우

제10조(위원회 운영 세칙) 이 영에서 규정한 사항 외에 위원회의 운영에 필요한 사항은 위원회의 의결을 거쳐 위원장이 정한다.

제11조(학교의 인성교육 기준과 운영) ① 법 제10조제1항에 따른 학교에 대한 인성교육 목표와 성취 기준은 교육부장관이 위원회의 심의를 거쳐 학교 급별로 정한다.

② 법 제10조제2항에 따른 인성에 관한 교육계획은 학교의 장이 교원, 학생 및 학부모의 의견 수렴과 학교운영위원회의 심의를 거쳐 수립한다.

제12조(인성교육 지원 등) ① 국가와 지방자치단체는 법 제11조제1항에 따른 인성교육 프로그램에 대한 주기적인 수요조사를 하여야 한다.

② 국가와 지방자치단체는 보유하는 시설이나 자료에 대하여 인성교육을 위한 이용 요청을 받은 경우 본래의 용도에 지장이 없는 범위에서 적극 협조하여야 한다.

③ 특별시장 · 광역시장 · 특별자치시장 · 도지사 및 특별자치도지사와 교육감은 가정, 학교 및 지역사회에서의 인성교육 진흥을 위하여 시 · 도인성교육진흥협의회를 구성 · 운영할 수 있다.

④ 제3항에 따른 시 · 도인성교육진흥협의회의 구성 · 운영에 필요한 사항은 해당 지방자치단체의 조례로 정한다.

제13조(인성교육의 평가 등) ① 법 제16조에 따른 인성교육 추진성과 및 활동에 관한 평가는 다음 각 호의 내용을 포함하여 시행하여야 한다.

1. 종합계획 또는 시행계획의 달성 정도
2. 인성교육 지원 사업 및 교육 프로그램에 대한 만족도
3. 그 밖에 인성교육을 평가하기 위하여 위원회의 심의를 거쳐 교육부장관이 정하는 사항

② 교육부장관 또는 교육감은 개인정보 보호를 위하여 불가피한 경우 등 특별한 사유가 있는 경우를 제외하고는 제1항에 따른 평가 결과를 교육부 또는 교육청의 인터넷 홈페이지 등을 통하여 공개하여야 한다.

제14조(교원의 연수 등) ① 법 제17조제1항에 따른 교원의 인성교육 관련 연수(이하 "교원연수"라 한다) 과정은 다음 각 호의 사람이 제2항에 따른 교원연수 계획을 반영하여 개설·운영한다.

1. 「교원 등의 연수에 관한 규정」 제2조제2항에 따른 연수기관 중 교육감이 설치한 연수기관의 장

2. 연수 대상 교원이 재직하는 학교의 장

② 교육감은 다음 각 호의 내용을 포함하는 교원연수 계획을 수립하여야 한다.

1. 인성 및 인성교육의 개념

2. 인성교육의 목표와 내용

3. 교과 영역 및 교과 외 영역에서의 인성교육 지도방법

4. 국내외 인성교육 우수 사례

5. 인성교육 프로그램 개발 및 활용

6. 인성교육 관련 평가 방법 및 결과 활용

7. 인성교육 관련 학교 교육과정 편성·운영 방법 및 절차

8. 그 밖에 인성교육 실천에 필요한 사항

③ 교원연수 이수기준은 연간 4시간 이상으로 한다.

④ 제1항부터 제3항까지에서 규정한 사항 외에 교원연수의 운영 및 연수비의 지급 등에 관하여는 「교원 등의 연수에 관한 규정」에 따른다.

제15조(인성교육 전문인력 양성기관의 지정 및 지정기준 등) ① 교육부장관 및 교육감이 법 제20조제2항에 따라 교육 관련 기관 또는 단체(이하 "교육관련기관등"이라 한다)를 인성교육 전문인력 양성기관(이하 "전문인력양성기관"이라 한다)으로 지정하는 경우 그 지정기준은 다음 각 호와 같다.

1. 교육관련기관등이 다음 각 목의 어느 하나에 해당할 것

가. 「고등교육법」 제2조제1호에 따른 대학 중 교육관련 학과 또는 전공이 설치된 대학

나. 「정부출연연구기관 등의 설립·운영 및 육성에 관한 법률」 제8조제1항에 따른 연구기관

다. 인성교육을 포함한 교육 관련 사업을 목적으로 하는 법인으로서, 「공익법인의 설립·운영에 관한 법률」 제2조에 따른 공익법인 또는 「민법」 제32조에 따른 비영리법인에 해당하는 법인

2. 인성교육 전문인력의 양성과 관련한 다음 각 목의 요건을 갖출 것

가. 적절한 교육과정 및 교육내용

나. 구체적이고 실천 가능한 교육과정 운영계획

다. 교육과정 운영에 필요한 시설·설비 및 교수요원

② 교육부장관은 제1항제1호가목 또는 나목에 해당하는 교육관련기관등을, 교육감은 제1항제1호다목에 해당하는 교육관련기관등을 각각 전문인력양성기관으로 지정할 수 있다.

③ 전문인력양성기관으로 지정을 받으려는 교육관련기관등은 교육부령으로 정하는 지정신청서에 교육부령으로 정하는 서류를 첨부하여 제2항의 구분에 따른 지정권자에게 신청하여야 한다.

④ 교육부장관 및 교육감은 제3항에 따른 신청을 받은 경우 신청일부터 6개월 내에 전문인력양성기관 지정 여부를 결정하고 그 결과를 해당 교육관련기관등에 통보하여야 한다.

⑤ 교육부장관 및 교육감은 전문인력양성기관을 지정한 경우 지정된 전문인력양성기관에 교육부령으로 정하는 지정서를 발급하여야 하며, 그 지정의 유효기간은 지정일부터 3년으로 한다.

제16조(전문인력양성기관의 재지정 등) ① 교육부장관 및 교육감은 전문인력양성기관으로부터 신청을 받아 전문인력양성기관의 재지정을 할 수 있다.

② 제1항에 따른 재지정을 받으려는 전문인력양성기관은 지정 유효 기간 만료일 1년 전부터 6개월 전까지의 기간에 재지정을 위한 신청을 하여야 한다.

③ 제1항에 따른 재지정의 기준, 절차 및 유효기간 등에 관하여는 제15조를 준용한다.

제17조(전문인력양성기관에 대한 보고 요구 등) 교육부장관 및 교육감은 법 제20조제2항에 따라 경비를 지원한 경우 해당 전문인력양성기관에 다음 각 호의 조치를 할 수 있다.

1. 업무 및 회계의 상황에 관한 보고 요구

2. 지원받은 경비의 사용에 관한 지도 · 권고

제18조(전문인력양성기관 지정 등의 공개) 교육부장관 및 교육감은 전문인력양성기관을 제15조에 따라 지정하거나 제16조에 따라 재지정한 경우에는 다음 각 호의 사항을 교육부 · 교육청의 인터넷 홈페이지 등을 통하여 공개하여야 한다.

1. 전문인력양성기관의 지정 현황(명칭 · 대표자 및 소재지 등)

2. 지정일 및 지정 유효기간

제19조(과태료의 부과기준) 법 제22조제1항에 따른 과태료의 부과기준은 별표와 같다.

부칙〈제26403호, 2015.7.20.〉

제1조(시행일) 이 영은 2015년 7월 21일부터 시행한다.

제2조(종합계획 및 시행계획 수립에 관한 특례) 제2조제3항 및 제3조제1항에도 불구하고 이 법 시행 이후 최초로 수립하는 종합계획은 2015년 11월 30일까지, 2016년도 시행계획은 2016년 1월 31일까지 각각 수립한다.

스승의 길

작사 윤형주
작곡 윤형주
제작 한국교총

내가 하늘을그리면 — 어느새 아이들은새가된다 — 내가 산을그리면 — 어느새 아이들은나무가된다 때로는 힘들지만 — 쉬운길이어디있어 — 내가 택한스승의길 — 어찌편하길바랄까 — 이세상에 한아이만 남더라도 — 나는 그의스승 — 자랑스런스승이다 사랑하고 — 가르친다 — 내 시간 태워 — 위대한 스승의길 — 영원하라 — 스승의길 — 오 늘 도 간 다

Memo

Memo